U0601314

大师的侧影

张世林 著

中华书局

图书在版编目（CIP）数据

大师的侧影/张世林著. —北京：中华书局,2009.10
ISBN 978 - 7 - 101 - 06899 - 3

Ⅰ.大… Ⅱ.张 Ⅲ.文化－名人－生平事迹－中国－
现代 Ⅳ.K825.4

中国版本图书馆 CIP 数据核字（2009）第 130991 号

书　　名	大师的侧影
著　　者	张世林
责任编辑	李世文　夏文芳　刘树林
出版发行	中华书局
	（北京市丰台区太平桥西里38号　100073）
	http://www.zhbc.com.cn
	E - mail:zhbc@ zhbc.com.cn
印　　刷	北京瑞古冠中印刷厂
版　　次	2009 年 10 月北京第 1 版
	2009 年 10 月北京第 1 次印刷
规　　格	开本/700×1000 毫米　1/16
	印张 18½　插页 2　字数 140 千字
印　　数	1—6000 册
国际书号	ISBN 978 - 7 - 101 - 06899 - 3
定　　价	29.00 元

目 录

前 言

作为一个编辑，我是幸运的，因为我一开始投身编辑工作就进入了中华书局。这可是一家历史悠久的老出版社，成立于1912年，至今已有近百年的历史了。1949年后，中华书局先后出版过大批高水平的学术著作和古籍整理类图书，聚集了一大批大师级的作者队伍。记得刚刚入局不久，看到中华出版的图书，作者都是钱锺书、王力、王季思、周祖谟、胡厚宣、王仲荦、唐长孺、唐圭璋、缪钺、邓广铭、周一良、张政烺、罗尔纲等大名鼎鼎的学者，我当时就想：原来他们都是中华的作者啊！我何时才能认识他们啊！不久，机会就来了。

1985年，中华书局决定在第二年创办一个新的学术书评刊物——《书品》，由我负责编辑工作。这不仅给我提供了一个舞台，更重要的是给我提供了直接和这些大师接触的机会。因为《书品》是专门品评和介绍中华版图书的书评刊物，而中华版图书包括文、史、哲各个方面，也就是说我应该和方方面面的学者打交道，而不像在编辑室仅仅只和某一方面的学者打交道，我可以直接约他们为《书品》撰稿。在编辑《书品》的七年中，我先后和许多大师级学者建立起了深厚的友谊。我除了经常去拜访他们外，还和他们特别是外地的学者保持书信联系。就这样，这本小小的杂志先后刊发了许多著名学者撰写的重要文章，赢得了学术界的广泛好评。

1992年底，因工作需要，我调入国家古籍整理出版规划小组办公室负责参与创办《传统文化与现代化》的工作。古籍小组的办事机构就设在中华书局，办公地点并没有变，只是《传统文化与现代化》是小组的机关刊物，是一本内容更加丰富多彩的大杂志，较之《书品》，任务更重了，接触面也更大了。也就是说，这个舞台更大了，我可以和更多的作者接触。事实也确是如此，我在编辑《传统文化与现代化》的近七年当中，又同更多的学界名家建立了友谊。其实，办杂志是很辛苦的，但也最能锻炼人，也最有收获。我能同这么多的前辈建立起深厚的友谊，就是我最大的收获。这收获不仅体现在，由于他们的帮助和支持，我在编辑工作方面有了一些进步和成绩，除了较好地完成了编杂志的工作，还先后主编出版了六卷本的《学林春秋》、三卷本的《学林往事》和二十册"名家心语"丛书。更重要的是在这么多年的接触当中，他们的人格、信念、学识和甘为学术献身的精神都给我以深深的教育和影响，是他们在教我做人和做事。

只是余生也晚，我同他们认识时，大都已是七八十岁高龄的老先生了。自然规律最是无情，接下来的就是"哲人其萎"的事实，很多大师先后驾鹤西去，使我们不得不面对一个缺少真正的大师的时代。我自然就会回忆起同前辈们接触中的一些往事：百岁高龄的钟敬文先生在生命的最后时刻拿到我给他赶制出版的《婪尾集》样书时的欣慰之情；我陪九十几岁高龄的顾廷龙先生去中国历史博物馆查阅吴大澂信札时的情景还历历在目；103岁的周有光先生同我谈起当今国际国内发生的大事时不仅了然于胸且颇有见地；生病住院的邓广铭先生还惦记着回家给我写《我和宋史》；迎来百岁华诞的吴宗济先生谈起他在"干校"时的经历；张岱年先生那间小小的书房兼会客室；杨向奎先生说起那些趣闻逸事；钱锺书先生轻声地告诉我他是第四次读《大藏经》；季羡林先生面对五十家出版社的激烈竞争只是淡淡地说了一句"君子一诺"；胡厚宣先生临终前还在赶写《我和甲骨文》；张政烺先生毫无保留地将自己要写的文章题目连同资料送给求教者；启功先生娓娓道来他"投笔从戎"的经历；史念海先生要我多催着点他才能写出文章来；周一良先生告诉我他还有很多东西要写；马学良先生深情回忆他的老师李方桂和丁声树；程千帆先生谈到匡亚明老不禁动容；王世襄先生席间如何指导厨师做菜；周祖谟先生那中关园280号住宅；杨志玖先生对马可波罗的一往情深；赵俪生先生对我的表扬和批评；李慎之先生的侃侃而谈足以启人心智；赵守俨先生的开明领导让我干劲倍增……这些往事在我的脑子里不知过了有多少遍，前辈们的音容笑貌总会清晰地浮现在我的眼前。我知道，那些逝去的大师都是不世出的人物，尽管我在他们生前抢救出了《学林春秋》、《学林往事》和"名家心语"丛书，但他们的离去，确是我国学术界和文化界无法弥补的损失。为了能让今天的年轻人多了解这些大师们的贡献和风采，我想我应该把我同他们的接触如实地记述下来。由于自己才疏学浅，对他们的学术贡献知之甚少，文中只是记录了我看到的大师和听到的大师的谈话，实际上只是反映了他们的一个侧面，故将拙作定名为《大师的侧影》。

在最初考虑出版时，我首先想到的就是中华书局，因为我是中华培养出来的，我写的这些人和事也都和中华密不可分。副总编辑徐俊听了我的介绍后，当即表示接受出版，令我十分感动。真是亲不亲，"娘家人"。

最后我想说的是，这些年来我在编辑出版工作中之所以做了一些工作、取得了一点成绩，是与这些大师级的学者对我的帮助和教育密不可分的，特别是他们的人格魅力和道德学问一直深深地影响着我做人和做事。谨以此书向他们表达我的感激之情。

2009年1月16日夜于京北传薪斋

钟敬文先生（1903—2002，北京师范大学中文系教授）

大 师 的 侧 影

给钟敬文先生出最后一本书

做编辑的一大好处就是可以向学者约稿，就像记者可以采访名人一样。我和钟老的相识，就是因我主动去拜访他并向他约稿，时间是1998年的开春，那时我正在紧张地主编《学林春秋》一书。当时我已经组织了很多位老先生的稿子，但后来一查却缺了钟老，这就等于说在20世纪中国学术研究中缺掉了"民俗学研究"这十分重要的一环，因为钟先生一向被人们尊称为"中国民俗学研究之父"。尽管他那时已是95岁高龄的老人了，我还是叩响了他家的宅门。

没想到初次见面，钟先生便对我的想法给予充分的肯定："这确实是一件很有意义的工作，因为20世纪马上就要过去了，需要有人来抓。就拿我所从事的中国民俗学研究来说吧，已经走过了整整八十个年头了，我确实有一些话要说。你这次来约我写这方面的稿子，我一定会写的。"就这样，他爽快地答应了我的约稿。

过了也就是两个多月吧，我便收到了他撰写的两万四千多字的长文——《我与中国民俗学》。他在文中深情地回顾了自己在长达七十多年的民俗学研究中所走过的坎坷历程，涉及到该学科经历过的每一个阶段。钟先生做了大量的富有开创性的工作，可以毫不夸张地说，没有他全身心地参与和开拓，就没有中国民俗学研究事业兴旺发达的今天。钟先生在这篇文章的最后写下了这样一段话："我从事民俗学的研究工作，已经七十多年了。虽然所经历的每个时期，都会有一些进步，但一下子达到豁然贯通境地的事情是没有的。学问、思想的进步，主要要凭不断地积累，而不是'弹指楼台'。我现在所悟到的一些道理，是'水到渠成'的结果，并不是一蹴而就的。我常对同志们说，我现在的一些比较成熟的意见，是多年来学习、探索的结果。现在有些青年同志，他们在态度上有些急躁，希望一夜之间学问就成熟了。这种心情是可以理解的。但是，却不是正常的态度。它忽视了学术成长的必需历程，只能是一种空想，一种虚幻之花。我要以过来人的身份，诚恳地告戒他们：只有服从规律，才能获得成功！"这语重心长的话语，揭示了积累和成功的规律。是钟老留给广大后学的宝贵的治学经验。

记得当我把中华书局刚刚出版的《学林春秋》送到钟老手上时，他拿过书认真地翻看后，对我说："真是出得又快又好！有时候干事情，不一定人多就好。你编这部书就你一个人吧，要是一个集体，反而不见得能编好。人多意见不容易统一，你想这么编，他想那么编，劲使不到一处，有时还互相掣肘。一个人虽然力量有限，但当你把力量发挥到极致，力量就是很大的。"我知道钟先生是在鼓励我，其实他本身又何尝不是如此呢。以九十多岁的高龄，仍然在指导多达十几名博士生，还要关心学科的建设和发展，还要挤出时间写文章。对比他老人家，我们所做的还是太少了。

　　到了2001年的夏天，听学术界的朋友说，明年有关方面要给钟老庆祝百年华诞。其时，我正在主编一套学术丛书，名曰"名家心语"，已经出版了几位老先生的著作，反响很好。何不干脆请钟老编一本，以祝贺他老人家的百岁华诞。我向他谈了我的想法，他听后非常高兴，说他也正有此意。真可谓是一拍即合。不过，因他老人家此时身体已不太好，不久即住进友谊医院，故嘱我同他的两个博士生董晓萍和杨利慧联系具体编选事宜和要求。我曾明确提出希望能收入一些钟老新近创作尚未发表过的作品，他欣然同意。现在看来，这一要求对一位年近百岁且又患病住院的老人是多么的不合情理，可他却真的这样做了。如收入书中的《祝贺中大"现代社会与民俗文化传统"国际学术研讨会的召开》一文，就是他老人家在病房中口述的；《对"民俗学学科建设及人才培训"研讨会成员的讲话》一文，是他抱病在医院的会客室为参加会议的人做的专题讲话稿。考虑到他当时的身体状况，我经常是下班后把稿子拿回家晚上接着看；校样打出来后，我和杨利慧博士两人各拿一半，看完后互相交换，为的是能抢出一些时间来，好给老人带去安慰和快乐。在此期间，钟老的病情又有发展，但他的神志很清楚，十分关注该书的进展。经过两个多月的紧张劳作，该书的样书终于在2002年1月9日送到我的办公室。我一接到，只是快速地翻阅了一遍，便叫来快递急忙送给杨利慧博士。我已同她在电话中说好，她一拿到书就马上赶往医院交给钟老。杨博士是当天下午五点多钟赶到医院的。晚上八点左右，她打电话告诉我："钟老看到了新书《婪尾集》，非常高兴，非常喜欢。他特别嘱我带话给你，对你为该书所做的工作表示感谢。"

　　六个多小时后，即2002年1月10日零点左右，钟老安详地离开了这个世界。第二天听到这一不幸的消息时，我感到既难过又欣慰，因为我用自己的努力让钟老生前看到了新书的出版，给他带去了最后的快乐。

2008年11月12日夜写于京北传薪斋

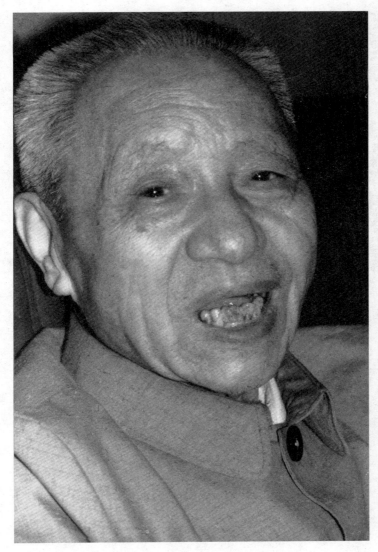

顾廷龙先生（1904—1998，上海图书馆原馆长）

大 师 的 侧 影

我和顾廷龙先生的友谊

1998年的8月22日，著名学者顾廷龙先生永远离我们而去了。顾先生的仙逝令我特别难过，我曾写过几篇文章，先后发表在报刊上，以表达我的怀念之情。十年中，我常常想起顾先生，想起同他的相识，想起同他聊天、聆听他的教诲，想起他老人家来到北京居住后，我们一起外出开会、访友的情景……

初识顾老

我是在1986年有幸结识先生的，记得是去上海淮海中路先生的寓所拜访他，送去了中华书局新创办的《书品》杂志，希望他今后能支持我们办好这本小刊物。那时，顾老已是82岁高龄了，不过身体看上去很健康，操着一口浓重的苏州话。从此以后，我便同先生开始书信往还，建立起了友谊。特别是90年代初，先生因病做手术后搬到北京的

《书品》创刊号书影

北郊和儿子一起住，同先生接触的机会多了起来，他有时要我帮他买书、借书、还书和陪他访友、开会等等。中间，他也回过上海，但回去的时间都不长，只要一回到北京，他马上就会打电话通知我，叫我抽空去看他。我也把看望他和帮他办事当成了我工作的一部分。而在每次接触中，他都会同我谈起一些往事，涉及到许多历史事件和人物，弥足珍贵。

创办合众图书馆

顾老的一生可以说与图书馆事业结下了不解之缘。他告诉我说，

"1932年我考入燕京大学学习，毕业后便留在学校图书馆工作。本来校方让我留下教书，可我一想要从助教、讲师、副教授、教授一步步做起，备课还要花很多时间。而我的兴趣呢，最喜欢的就是看书，只有去图书馆才能满足我的需要，遂决定留在图书馆工作。后来在美国人编的《燕京哈佛大学校友录》中记录我为校图书馆主任管理员什么的。这就是我图书馆生涯的开端。1937年抗日战争爆发后，工作不能进行下去了，我于1939年回到了上海。不久，即受叶景葵、张元济、陈叔通、陈陶遗、李宣龚等人之托，组建合众图书馆。此前，上海已有两家图书馆，一为鸿英图书馆，其前身为《人文》杂志社，创办人为袁希涛、黄炎培等；一为明复图书馆，创办人为胡明复、任鸿隽等，属中国科学社领导，主要收藏自然科学方面的图书。而组建合众图书馆，则重在收藏人文和社科方面的图书。当我问叶景葵这家图书馆都有哪些设施时，他回答我的两句话是：'空无一物。空无一人。'原来是真正的白手起家啊！于是，我先找了几个人，租了几间房，慢慢地购进了一些书，开始运作了。但当时还要经常应对日本人的检查。那时我们三家图书馆的关系很好，有时日本人刚检查到鸿英图书馆，他们的头头便一边应付，一边写一纸条派人赶紧送给我，通风报信。当时我们陆续收藏了不少宣传马列主义的平装书，为了避过日本人的检查，我们便把这些书藏在顶层线装书的后面，因为，他们只查平装书，对线装书则不怎么查。后来上海解放了，李亚农同志来到我馆了解到这批收藏十分高兴，曾先后两次提走了部分图书。再后来，成立了上海图书馆，合众图书馆并入其中，我又参加了新馆的组建工作。"

回忆与钱锺书的交往

1996年年初的一天，我去看望顾老，闲谈中，我拿出刚刚读过的大连出版社出版的《记钱锺书先生》一书，告诉顾老，里面有一篇文章（叶瘦秋《钱默存先生交游录》）引了郑振铎先生40年代的日记，内容皆为郑当时与钱等人聚会的记录，其中多次提到顾起潜（顾老，字起潜）与会。他老人家听后说："40年代后期，上海文化界的一些名流经常聚会，我记得常参加的除郑、钱和杨绛外，还有马书平、徐森玉、李宣龚、李健吾、陈叔通、向达、傅雷、萧乾、郭绍虞等人。那时，我们常常是一边吃饭，一边谈学术和工作。钱先生住家离我们图书馆很近，只隔一条马路，他常来图书馆看书。但他这个人与别人不同，别人来后总希望把书借回家去看。他却从不往回借，只是在馆里看。有时还一边看，一边抄，没看完，第二天来再接着看，接着抄。我记得他那时负责主编的英文杂志《书林季刊》，就多是利用我们馆的资料编的。他那时刚好和顾颉刚住邻居，我们常见面。有一次，他告诉我无锡藏有清代大学者谭献的书信集，而我馆刚好没有，我便请他借来让我馆抄存。他借来后每次来馆里时便带两册交我，我请馆内一位字写得不错的同志负责照抄，抄完后还给钱先生，下次再由他带两册新的来抄。就这样，先后一共抄了不少本，大概只剩下两三册没抄了，上海解放了，他去了北京，所以没能抄完，真可惜！这套没抄完的谭献书信集，现在就保存在上海图书馆里。"说到这里，顾老依然是一脸的惋惜。"钱先生去了北京后，我们见面的机会就少了。他曾送给过我两根手杖，一根留在上海了，一根带到北京来了。"说完，他起身去房间里拿出一根黑色的精致的手杖来，"这就是他送给我的，是从英国带回来的，他是留英的，英国人讲派头,喜欢用这种手杖,也叫文明棍。"顾老讲起这些发生在近半个世纪前的往事,就像是讲昨天发生的事似的。我真佩服他老人家的记忆力,他要是不讲出来,我们怎么会知道那么多珍贵的往事呢?

顾老与顾颉刚和《尚书文字合编》

有一次,我有两三个月没有去看望顾老了,他便给我打电话,希望我抽空去聊聊。我知道老人挺闷的,第二天便去了。闲谈中我问他:"听说上海古籍出版社刚刚出版了您过去辑的一套书。""是的,我拿给你看。"他一边说,一边从沙发上站了起来往屋里走。脚步很利落,决不像一个九十多岁高龄的老人。不一会儿,他手里抱着四大本16开精装书回来了。我见了,忙起身接了过来,好重啊!原来是《尚书文字合编》,署名是顾颉刚、顾廷龙辑。我便问他同顾颉刚的关系。"我们俩

《尚书文字合编》书影,
上海古籍出版社1996年出版

是苏州本家亲戚，说来巧得很，他的祖父曾教过我的祖父，他的父亲又教过我的父亲，他也是我的老师，曾教过我。不过旧时候认老师是要拜的，有一定的礼仪，我没有正式拜过他。虽然他比我大11岁，但论辈分，我却比他大一辈，所以，我们在家时还是按家礼称。我是1932年考入北平燕京大学的，那时顾颉刚在该校历史系任教授，我不但经常去听他的课，而且就住在他家。他那时讲授的课程正是'尚书学'。鉴于经学中今古文问题以《尚书》最为繁杂，而字体讹传纷乱又不好辨明，为解决这一难题，他特邀我合作，搞出一部新编定的《尚书文字合编》来。当时他家有五间房，中间是过厅兼会客室，他住左边，我住右边。我每搞好一篇，便送请他过目。他总是认真看过并做些改正，有些篇章还替我拿出去发表。我们的工作已经完成了一半，不料卢沟桥事变爆发了，日本人攻陷了北平。顾颉刚当时因负责编一本名叫《通俗读物》的杂志，上面公开介绍平型关大捷，遂遭日本人通缉而外出避难，我们的研究工作无法进行下去了，我便于1939年回到了上海。《尚书文字合编》这套书由最初动手到最后出版，前后一共经历了有六十年啊！"

听了顾老这一席话，我才知道顾老同顾颉刚先生的关系，才知道这套大书编辑和出版之不易。

顾老与上海图书馆的部分珍藏

听顾老聊天，真是增广见闻的好机会。十几年中，我有幸听他老人家聊过很多次，当然了，他聊起来也大多是三句话不离本行。他常常说到上图（上海图书馆的简称）的收藏，其中有不少的趣闻轶事。

有一次，他说到上图收藏"家谱"的事。

"解放后不久，上图收集到了很多很多的'家谱'，但那时的馆领导对这堆'家谱'不感兴趣，不愿意收藏，准备把它们全部处理掉。我听说后便以极便宜的价格把这批'家谱'全部买了下来，拉到一个朋友刚刚借给我的一间大房子里，整整堆满了一屋子。到了'文化大革命'的时候，有人质问我为什么要收购这么多的'变天账'，更多的人也认为它们毫无用处。'文革'结束后，我又把这些'家谱'全部拉回了馆里。到了80年代，美国有一个'家谱协会'，听说我馆收藏了不少'家谱'，便派人专程来到上海，提出以每面多少美元的价格，要翻拍这些'家谱'。没想到我当时以公斤计价买下的这批'变天账'，一下子值了钱，给馆里赚了很多的美元。真是此一时，彼一时。"

除了"家谱"，顾老还不止一次地谈起过"抢救废纸"的工作。他说："1953年左右，上图开展过这方面的工作。所谓废纸，其实都是一些人家不敢或不便收藏的极有价值的资料。我们就在那批废纸中抢救出大批的家谱和太平天国的粮串。所以，上图在这方面收藏较多。另外，还抢救出两部宋版书，一部是全的，交由南京图书馆保存；一部不全，是《五臣注文选》，交由北京图书馆（现国家图书馆）保存。那时的废纸，起码有一半都是很有价值的资料啊！不过那时在图书馆工作确实需要有一定的专业知识，否则，好东西放到你眼前，你也不识货啊。而现在的图书馆工作人员，只知道创收，动不动就向读者要钱，而业务上不要说懂古书，连古文都读不通，真是没办法。起码收藏古书的人要懂古书吧！"九十多岁的老人还在为图书馆工作人员的业务能力操心呢。

顾老还讲到他同张元济先生的一些交往。有一次，他去看望张先生，正赶上张先生要处理掉一批友人的信札。顾老翻阅后，认为很有

顾廷龙先生与作者合影

价值，其中包括傅增湘先生的书信，还有张先生自己的诗文手稿。于是建议张先生将这批宝贵的尺牍交上图保存。后来出版的《张元济诗集》即是顾老保存下来的珍贵史料。

说到张先生，顾老说他一直想回上海的家中去整理一下书信，特别是张先生在病中给他写的那些信和便笺，当时张先生躺在病床上，有事便写一张纸条叫人带给他。他不亲自整理，别人看不懂。这些信笺整理出来是很有价值的。

顾老还十分关注利用上图馆藏资料的问题。有一次，我给他带去了中华书局新出版的《梁启超未刊书信手迹》一书，他接过去翻了几页后对我说："这些信中有的是梁启超写给他的家人的。而在上图至今还珍藏有梁当时写给民国第一任总理大臣熊希龄的亲笔信札一百多封，内容都是谈国家大事的，非常重要，应当影印出版。这件事我只告诉了你一个人，连上图的许多人都不知道。建议由古籍小组出面和上图联系一下，让这批珍贵资料早日面世。另外，上图还藏有较多的清人信札，比如清末汪康年的信札就很有内容，可以考虑先把他的信札影印出来，然后再准备影印清初几位重要人物的信札。一定要照原样、原大彩色印刷出版，那样价值更高。香港中文大学曾编印了《盛宣怀年谱》，里面的信札就是照原样彩印的，你可以借来参考。你若想联系这件事，我可以给你推荐一个人，就是上图的任光亮，他对这些收藏比较清楚。"后来，顾先生还给我写信，又谈到了这件事情。说完了这件事，他又拿出一本《陶白文集》，翻开后面一页指给我看，那上面写着：一九六三年，陶白先生为团长，团员有潘天寿、王个簃和顾廷龙，即中国书法家代表团访问日本。这也是书协第一次组团访问日本。他告诉我，那次访问是经周恩来总理批准的，是中日两国民间开展的最大一次友好活动，因当时两国还没有建交。说这番话的时候，陶白、潘天寿、王个簃三人早已去世了，活着的只剩下他一人了。

当天晚上，顾老又给我打来电话，告我《梁启超未刊书信手迹》中有些信函涉及到的名人应当补注，只要查一下如《汪康年尺牍》就大都可以补出来了。

顾老对上图的感情是非常深厚的，因为他本人就是上图的开创者之一，他亲身经历了上图成长的各个阶段，晚年的他从馆长的职务上退了下来后，还一直担任名誉馆长。他说："我馆能发展到今天，离不开陈毅、李亚农和徐森玉这三个人。上海解放后，陈毅当市长，由于他本人喜好文史，所以对购买文物和图书都很支持。而李亚农则长期跟随陈老总，两人关系十分密切。上海解放后成立文管会，他任副主任，主任是徐森玉先生。徐老是这方面的行家，对文物鉴定和图书版本都十分精通，所以，要收购什么样的文物和图书，只要他提出来，便由李亚农直接找陈老总批钱。陈对这方面的工作非常重视，经济上总是能保证的。因此，当时连北京都往上海送文物和古书。没有这三个人，就不可能有今天这样规模的上海图书馆。"他说完这话后，我总觉得应该再补上一个人，那就是顾老，没有他，也不会有上图的今天。

我陪顾老去中国历史博物馆

1996年10月10日一早，我便赶到了北苑顾老家，准备接他去中国历史博物馆。原来，顾老的外叔祖王同愈曾是吴大澂的门生。早在30年代，顾老受顾颉刚先生之托，编辑并出版过《吴大澂年谱》一书，但受当时条件所限，像历史博物馆（下简称历博）收藏的这批信札他没有看到过。几年前，当他得知历博藏有这批珍贵的信札后，便很想去该馆亲阅这批信札，以便能修订《吴大澂年谱》一书。为了能帮他老人家实现这一心愿，我特意去找当时历博办公室的刘彤彤兄，请他帮忙，他爽快地答应了。之后，我又去看望了史树青先生，他听说顾老要来馆里查阅资料，很是高兴。他说同顾老是老朋友了，已经好久没有见面了，等顾老来时，他一定亲自陪同。后来商定，请顾老10月10日上午来历博。那一天早上九点钟，我便来到了顾老家，他老人家早已准备好了。一路上，他兴致很高，很健谈。先是说好久没有进城了，平时很想到外面走走看看，只是一个人不大方便。（顾老只有一个儿子，就是两院院士、著名的飞机设计师顾诵芬先生；儿媳是医生，他们两人工作都很忙。唯一的孙子当时远在美国读书。所以，平时只有他一个人在家。）我问他，在上海时有助手吗？他说有过一个，是周一良先生的外孙子，复旦大学历史系毕业的，是周先生推荐给他的。现在，他来到了北京，助手却没能跟来。接着，他又同我谈起解放后上海成立"书法家研究会"的事。当时上面责成由沈尹默先生主其事，成员有郭绍虞、朱东润、谢稚柳和顾先生等人。最初有人说就叫"书法家协会"，沈先生坚决不同意，认为协会只是把大家组织到一起而已，我们的目的却是要共同对书法进行研究，所以，应该叫"书法家研究会"。由此可见，沈先生的主张确实不同凡人。

就这样，一路上说着、聊着，十点多一点儿，我们便来到了历博，史树青等先生已在大门外等候了。史先生握着顾老的手，把他领进一间很大的办公室，里面的工作人员很热情，早已把该馆所藏的装裱成五个大本的吴大澂信札放到桌上请顾老过目。顾老坐下来一张一张地仔细翻阅着，不时地往随身带来的一个小本子上记着什么。最后，他提出希望能把这些信札全部翻拍成照片备用，史先生满口答应。见顾老看完了，精神还那么好，史先生提出想请顾老当场给他题写两个书签：《塤

工作中的顾廷龙先生（左为史树青先生）

工作中的顾廷龙先生

室藏陶》和《石鼓文新解》。顾老愉快地答应了，接过笔后认真题写。在场的人们看了均赞不绝口，顾老却不满意，说笔太细了，写得不理想。这时已是中午十二点了，史先生请顾老在历博南侧一家饭馆用餐。席间，顾老高兴地说："上午看了那么多珍贵的信札，中午又吃了这么丰盛的午饭，很是开心。"

　　在回家的路上，顾老对我说，刚才的书签没有写好，你把那两本书的名字写在我这个小本子上，我回去后重写，你给史先生打个电话，告诉他等收到我新写的书签再用。随后，他又同我谈起吴大澂的信札，说吴的信札在当时即为人们所重视并加以收藏，不仅因为他的字写得好，更重要的是每一个字都写得十分认真，每一封信上绝无潦草之笔。在这一点上，他同吴又是多么相似啊！这也是老一辈学者给我们的重要启迪。

没有参加《兰亭序》真伪问题的讨论

有一次同顾老聊天中谈起穆欣先生所著《办〈光明日报〉十年自序》一书，其中披露了当年在报上开展的关于《兰亭序》真伪问题的讨论经过，其中提到有一个人提议让顾老写文章参加讨论。顾老一听，便说："那个人就是陈叔通，他写信让我参加讨论，我当时回信表示考虑一下，后来认为这个问题不好说。因为，我年轻的时候是认真临摹过《兰亭序》碑帖的，那字刻得非常讲究，内行的人一看就知道是不好作假的。再说，有人说是假的，但证据并不充足。所以，我后来就没有写文章参加那场讨论。其实，我的态度还是明确的，《兰亭序》碑帖应该是真的。"

学人本色　老不废书

晚年的顾老，依然是学人本色，老不废书。在我同他的交往中，他同我谈的最多的还是读书、编书和写文章。九十多岁的老人，又做了那么大的手术，来到北京与家人团聚，本该好好调养休息，颐养天年。但来到北京后不久，他打电话叫我去看他。见面后，他对我说："你能来同我聊聊天，我很高兴。平时儿子他们一上班，就剩下我一个人，挺闷的。我想读读书，可书又都留在了上海，这里又没有。今后可不可以请你帮我借一些书来？"我说："当然可以，您想看什么书，告诉我就是了。"他老人家听后很高兴，说："等我需要时就写信通知你。"其后，他在给我的信中常会提到让我给他借书。如在1994年3月29日给我的信中写

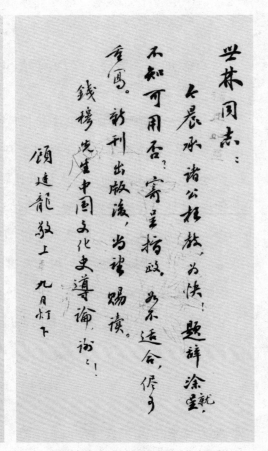

顾廷龙先生1994年4月16日致作者便笺　　　顾廷龙先生1995年4月9日致作者便笺

道:"我近因研究文字演变,需要一读贵局所印《敦煌汉简》。"4月16日又在给我的一张便笺上写道:"尊处新出《居延新简》一书,颇思一读。曾蒙傅公允予借阅,希予洽办。"另外,我还为他借阅过钱穆先生的《中国文化史导论》等等。

除了看书,顾老还要写文章,为我编的《书品》、《传统文化与现代化》及《学林春秋》等书刊都写过文章,给我的工作以很大的支持。

他是著名的书法家,求他写字的人特别多,而他待人又是那样和蔼可亲,多是有求必应,我就不止一次地在他家中看到他为家乡来的领导写字,一写就是好几张,有的是写给著名的寺庙的,也有的是写给个人的。他老人家都认认真真、一丝不苟地书写，从他那端庄、秀美、遒劲、工整的字体上，你根本不会想到是出自于一位九十多岁的老人之手。我有幸在旁边目睹，真可谓是艺术的享受。有一次，等客人走后我问顾老："您一下子写这么多的字是不是太累了？"他回答说："人家大老远来了，我总不能不写吧。再说，我每天都要练字的。"

可见，晚年的顾老，生活还是颇忙的，也是挺丰富的。

耳背与"耳聪目明"

晚年的顾老耳朵有点背，所以，我同他说话时声音要大一些，好像是右耳比较厉害，我总是坐在他的左边，他听起来方便一些。不过，每次能同顾老聊天，首先要感谢他家的小保姆在家给我们开门，要是他一人在家，任你怎么敲门，也只能是吃闭门羹。

有一次，事先已同顾老约好第二天早上九点去给他送书，他说在家等我。第二天赶到后，敲了半天门，就是没人应。我和同去的刘学成说，顾老不会出去散步了吧？明明是约好的啊！边说着，边走出楼道门来，准备去迎迎他老人家。顾老家住一层，出了楼道门，旁边就是他家的一扇窗户，离地面不是很高。学成说我爬上去看一看，顾老会不会在家听不见？他爬上去一看，说顾老就坐在客厅的沙发上看书呢。我也爬了上去，果然如此。我们就敲窗户，但他老人家连眼皮都没抬一下。无奈之下，我们只好站在门外等待。足足等了一个小时，他家的小保姆终于买菜回来了，这样我们才进了屋。他老人家见了，还说："不是说好九点来吗？我一直坐在这里看书等你。"真令人哭笑不得。

勝敗兵家事不期包羞

忍恥是男兒江東子弟

多才俊卷土重來未可

知 唐杜牧詩 丙子二月

竹林先生正腕 九三老人 顧廷龍

華實

涇連對頭東觀綦酒虞公器

　　还有一次也是这样，坐在楼道边等了半天，也不见小保姆回来。正在焦急之时，他家楼上的一个邻居回来了，见了我们，问明情况后，说："我上去给他老人家打个电话，他能听到，会来开门的。"我们这才见到了顾老。

　　可也有例外的时候。那是1996年年初，我去看望他老人家，此前他回上海去了一段时间，给我开门的是他的儿媳妇，因为有一段时间没有见过面了，我便问："顾老这一段身体如何？""身体还好，就是听力好像不如以前了，你同他讲话时声音要高一点。"我听后又问："眼力还好吧？"其实，我们的这些谈话都被坐在一旁的顾老听进去了，只是他没有直接回答我。坐下后，我便同顾老聊了起来。这之后过了不到一个月，他老人家打电话叫我去一趟。我去了以后，他没说话，而是回身进书房里取出一个信封交给我。打开一看，里面有两张信纸，上面是他用毛笔小楷书写的唐代诗人杜牧的同一首七绝："胜败兵家事不期，包羞忍耻是男儿。江东子弟多才俊，卷土重来未可知。"我想起来了，有一

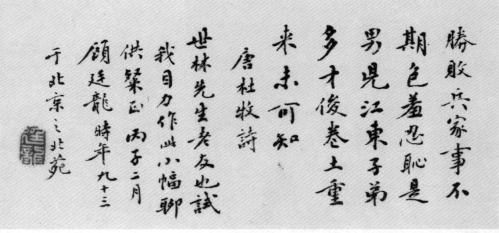

左右两幅顾老手迹为原大

回闲谈中，我说过很喜欢杜牧的这首诗。两幅手迹，第一幅上的字相对要大一些，而第二幅上的字要小很多，真可谓是蝇头小楷。更为特别的是，他老人家在诗的后面，又用更小的字写了一段跋："世林先生老友也，试我目力，作此小幅，聊供粲正。丙子二月，顾廷龙，时年九十三，于北京之北苑。"

　　这件事可以见出，顾老的心是多么的细，又是多么的风趣和儒雅。他称我为"老友"，我实不敢当。但能和顾老这样的学术大师结成忘年交，于我来说，真是三生有幸！可身体那么好的他，怎么说走就走了呢？十年中，我总忘不了顾先生，总会在夜深人静之时，拿出先生给我的信笺和题词，就像又回到了同顾老聊天的时光里。

2008年11月12日夜写于京北传薪斋

缪钺先生（1904—1995，四川大学历史系教授）

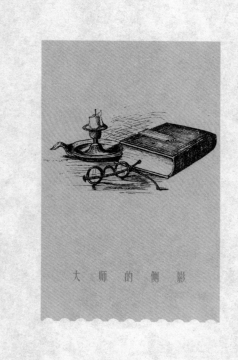

大 师 的 侧 影

我与缪钺先生的文字交往

1995年的1月6日，四川大学历史系教授、著名的文史大家缪钺先生与世长辞了。接到讣告后，我的心情一下子沉重起来，因为这些年我一直同先生书信往还，却无缘谋面，本以为今后总有机会，如今竟天人永隔，再也无法见到他老人家了。真是悲从中来！接连几天的晚上，我将先生和我的通信全都翻检出来，一一披览。特别是到了夜深人静之时，我端坐在书桌前，映入眼帘的便是压在玻璃板下面的缪老在1988年给我写的题词。书信中那和煦、简明、饱含关怀鼓励的话语，题词上那优美、婉约、情真意切的词句，配之以妩媚、秀丽、书卷气盎然的字体，真让人如沐春风，尽得教诲。每当这时，我脑海中马上会浮现出一个蔼然老者的形象。

早在我读大学的时候，就买过人民文学出版社出版的缪老撰写的《杜牧传》，虽然只那么薄薄的一小本，又是写于1977年拨乱反正之前，但缪先生对杜牧的生平、仕宦、政治见解、思想状况、文学创作、艺术风格、交游情况等方面均作了比较实际而又不乏生动的描述，看不大出思想束缚的痕迹，不愧为大家手笔。后来到中华书局工作，看到了他老人家主持整理的《三国志选注》，一些老编辑和老先生也常常提起他，称赞他是文史兼通，才学过人，尤擅诗词格律，特别是四六骈文，造诣颇深。这一切使我对缪老更是心向往之，恨不能早日结识。《书品》杂志创刊后，我负责具体的编辑工作，更是想请缪老为我们写些文章。经胡厚宣先生介绍，我便开始了同缪老的书信文字交往。

虽然只是通过胡先生的介绍刚刚认识，相距千里，未尝谋面，但缪老对我和我的工作却是关怀备至，热情支持。我请先生为《书品》撰文，先生即于百忙之中先后撰写了《读〈靖康稗史笺证〉》（1990年第4期）和《〈三国志〉传钞本的"祖本"》（1991年第2期）；我请先生代为《书品》组稿，他不仅答应了，还认真组织，负责落实，为我们约来了缪文远先生的《研治〈战国策〉的苦与乐》（1990年第3期）和陈力先生的《四川大学图书馆的线装古籍藏书》（1991年第3期）；我请先生为《书品》创刊五周年题词，他先是来信赞曰："《书品》创刊五载，博得学术界好评。因为《书品》所载文章，大都是朴实谨严，言之有物，不唱高调，不发空谈，不为趋时媚世之论。作者自抒读书心得，可以互相交流，对读者亦可有启发之益。"复又集古人书中成句撰成一联："驰骋古今，跌宕文史。钩深致远，含英咀华。"表示祝贺；后来，我调入国家古籍整理出版规划小组参与创办《传统文化与现代化》杂志，当该杂志创刊一周年时，我又请先生题词，他老人家以九十高龄支撑着久病之躯，亲笔写来了："跌宕文史，博通古今。"因不能亲笔复信，特嘱其孙缪元朗代复。信中写道："家祖父自九二年春节以后，出现老年衰弱的症状……精力、思力乃至视力，均大不如前，完全不能写作。接先生来信后，虽勉力遵嘱为贵刊题词（为一年多以来写字最多的一次），但终因

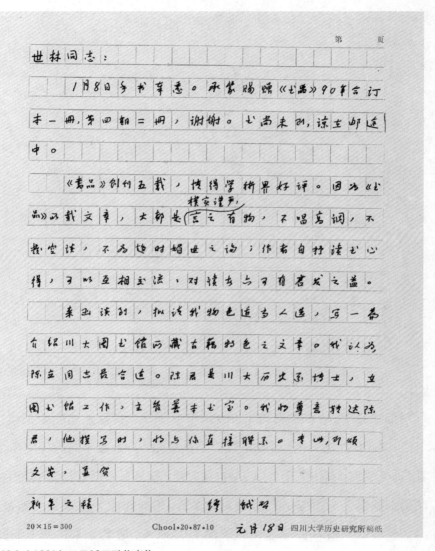

第　頁

世林同志：

　　1月8日今书拜悉。承蒙赐赠《书品》90年合订本一册，第四期二册，谢谢。书尚未到，谅在邮递中。

　　《书品》创刊五载，博得学术界好评。因为《书品》所载文章，大都是言之有物（横空谨严），不唱高调，不数空谈，不为趋时媚世之词；作者自抒读书心得，可以互相交流，对读者当有启发之益。

　　来函谈到，拟请刊物色选专人选，写一篇有组川大图书馆所藏古籍特色之文章。我以为陈立同志最合适。陈君是川大历史系博士，在图书馆工作，主管善本书室。我当尊言转达陈君，他撰写时，书与你直接联系。专此，即颂

文安，并贺

新年之禧
　　　　　　　　　　　　　缪钺拜

20×15＝300　　　Chool·20·87·10　　　元月18日　四川大学历史研究所稿纸

缪钺先生1991年元月18日致作者信

久不握笔……字写得不如以前好，请先生谅解。"关怀、厚爱之情溢于言表。这使我想起了另外一件事。那是在1988年，我曾请先生为我写几个字，他老人家不仅欣然同意，而且还工工整整地抄录了他的近作《鹊踏枝》词书赠给我。我如获至宝，请人裱好后放在书桌的玻璃板底下，

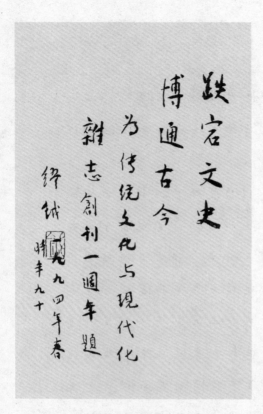

跌宕文史
博通古今
为传统文化与现代化
杂志创刊一周年题

缪钺
一九九四年春
时年九十

缪钺先生为《传统文化与现代化》
杂志创刊一周年题词

　　每每细细品味，直如面对先生。1994年2月底，忽接缪元朗先生来信，上说："近日整理书柜，得家祖父一手书条幅，乃是数年前为先生所书者。回忆当时，家祖父书成以后，自觉欠佳，遂另写一纸寄与先生，而将此幅交我保存。今附函寄上，请先生保留，想如此应更有意义，或许家祖父今后已无精力再写这样的条幅了。"原来，他老人家待我竟是这样真挚、谨严、一丝不苟。我把两张条幅放在一起，认真比对，没有发现写得欠佳的地方，可他老人家竟认真到如此地步。高风厚谊，令我感佩。每一念及，不禁唏嘘。

　　自缪老仙逝后，每当我坐在书桌前，总会默默地凝视着玻璃板下先生那秀丽、隽永的题词，一遍又一遍地吟诵着：

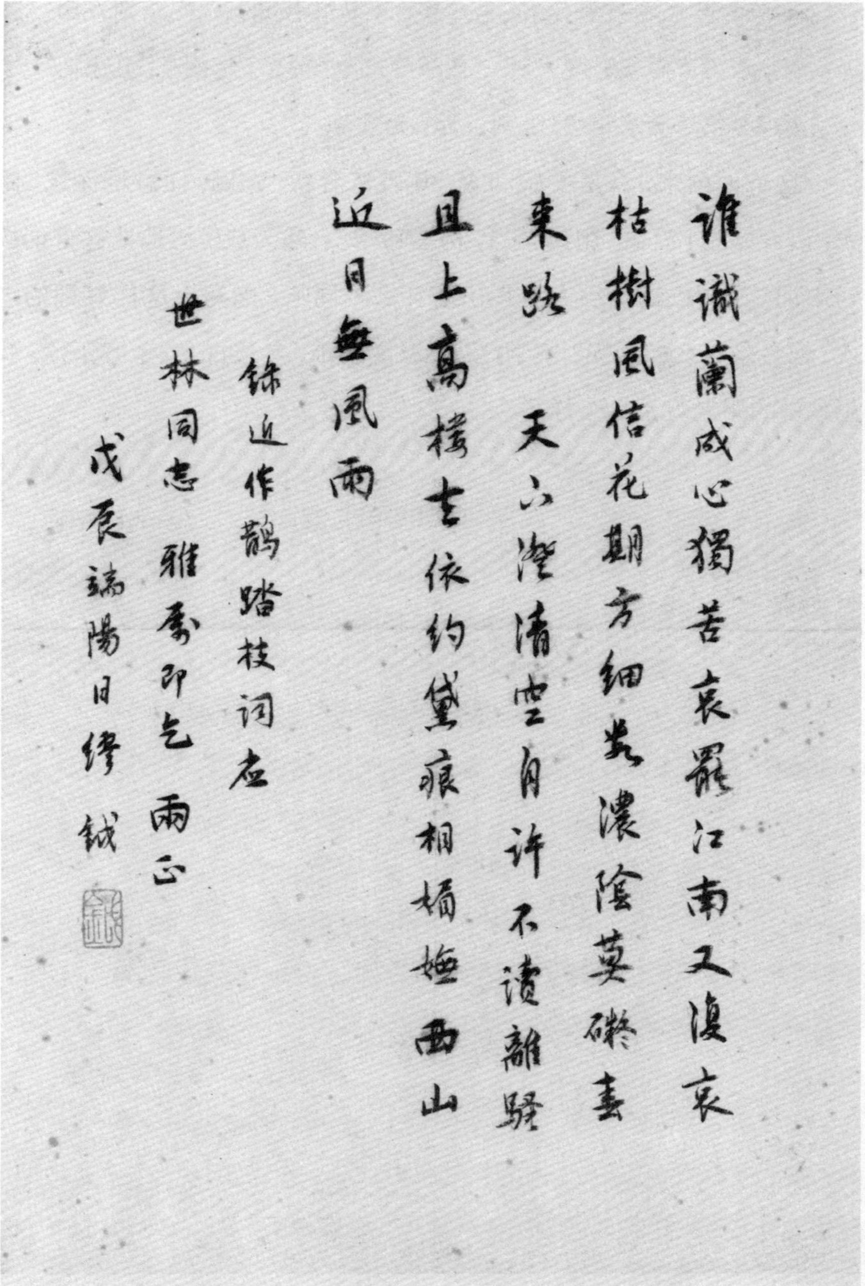

谁识兰成心独苦衰罗江南又复哀

枯树风信花期方细数浓阴莫碾妻

东路 天六澄清空自许不读离骚

且上高楼士依约黛痕相媚妩西山

近日无风雨

铢近作鹊踏枝词呈

世林同志 雅亲印它 雨正

戊辰端阳日 缪钺

缪钺先生手书《鹊踏枝》条幅

　　谁识兰成心独苦，哀罢江南，又复哀枯树。风信花期方细数，浓阴莫碍春来路。　　　　天下澄清空自许，不读离骚，且上高楼去。依约黛痕相媚妩，西山近日无风雨。

　　这首词读来，真是委婉动人。其风格清新、婉丽，而意境深邃、阔大，语言淡雅、简洁，用典精当，构思巧妙，自然天成。就是把这首词放到宋词佳作中，怕也没人看得出有什么不同吧。能写出这样好词的老人，他会是什么样子呢? 博学严谨，温文儒雅，参透古今，荣辱不惊。我想象中的缪老就是这个样子。

　　　　　　　　　　　　2008年8月27日夜改写于京北传薪斋

周有光（1906年生，中国社会科学院研究生院教授）

大 师 的 侧 影

活到老学到老写到老的周有光先生

今年已经103岁高龄的周有光老先生，其本身就是一个奇迹了。前些天我去看望他老人家时，他照例坐在那间靠门的不大的房间里，使用一台电子打字机写作。见我来了，他很高兴，一边招呼我坐，一边麻利地收拾起打字机。随后拉开书桌旁的一个抽屉，拿出助听器，戴好后对我说："我现在就是听力有问题，其他方面没有什么太大的问题。首先是脑子没有问题，我每天除了阅读书报外，还可以写作，只是不写长篇的论文，专写一些短小的随笔和杂记。其次是眼睛完全好了，我换了晶体之后，现在什么都看得清清楚楚，我能看得见对面楼房三层阳台放的东西。"说这话时，他老人家还用手指给我看。写到这里，我想大家都会对我面前的"奇迹"表示完全认同吧。说真的，今天的周老同我十几年前见到的他没什么两样，只不过那时总有老伴张允和陪伴在他的身边，而如今只有他一人而已，确有些孤寂和冷清。我不禁想起当年我为他们二老编书时的一些往事。

那是2001年的年初，有一天我去看望他们二老，周老当时也正在

周有光、张允和夫妇

打字，张老坐在旁边陪着他。见我来了，周老说："我正在给《群言》杂志写一篇文章，马上就要结尾了，你们俩先聊一下。"张老则说："你到我那边的屋子里来吧，我给你几本杂志看。"过去以后，她一边让我坐下，一边从桌子上拿过几本小册子递给我，说："这是我们张家自己编印的一本小刊物，最初创办时是在1930年，距今已有七十多年了。在解放后停了好长时间，一直到1996年才复刊。现在是每四个月出版一期，一年出三期。作者一开始就是我们张家四姐妹和几个弟弟，现在还包括我们的后人。写的文章主要记述了我们张家发生的一些事情。我和三妹（张兆和）负责具体的组稿、编辑、印制和寄送工作。最初我们只印二十份，只是给家里人看的。后来不断增加，现在每期要印二百多份，除了家里人，社会上的一些老朋友也都要看，还要寄送给远在香港、日本、英国、法国和美国的亲朋好友。他们都说喜欢看。"我一边听着她老人家娓娓道来，一边仔细端详着手中的小册子，虽然她没有专门的封面，只是在首页上手绘一幅黑白小图，外加一个较大的"水"字，用骑马钉钉成的小册子，却显得是那样的朴素、清新、自然、雅致。在此之前，我还真没听说过一个家庭编印一本刊物的呢。张老见我十分好奇，便说："这几本就送给你了，你是真正的编辑，又编过杂志，给我们提提意见。"听她这么一说，我便高兴地把它们放进了包里。

张家自己编印的小刊物

回到家后，我便抽出时间仔细阅读，很快就被那些记述张家往事的充满真情实感的文章所吸引了。那时我正在主编"名家心语"丛书，已经出版了几本，反映还不错，正想再组织几本。本来我去看望他们，就是想向他们约稿的，正好他们的这本私家刊物就是一个很好的素材，再搜罗一下，完全可以从中编出一部好书来。

周有光先生与作者合影

　　带着这样一个想法，我很快又去拜访了二老。当我把这个想法讲给他们听后，二老十分赞成，张老更是高兴地说："你这个想法真的很好，这一下我们这点水将要流入千家万户了。不过我现在年纪大了，心脏又不好，我一个人怕是一时编不出这部书来。不如这样，我给你一套比较完整的《水》的杂志，你先帮我从中挑选一下，编好后我们再看看，只有这样，才有出版的可能。"周老接过话说："是啊，她近来身体不是太好，完全自己动手编，有一定的困难，我也帮不上什么忙。你编过那么多的书，很有经验，你就多帮帮她吧。"见二老这么信任我，我也没有推辞，只是说："我先把杂志拿回去认真看看，编好后，再请您们过目。不过我也还有一个请求，这本书编出来也只能算是张老的，周老您自己还得单搞一本。""这个我可以答应。"就这样，我抱着一大包杂志回了家。

　　考虑到张老那时已是93岁高龄的老人了，而且心脏又不好，我便抓紧时间，把带回来的几十本《水》的杂志认真翻看了两遍，从中选出了六十多篇文章，列出了目录，交到二老的手中。张老看了很高兴，说要拿给妹妹张兆和看看，一起商量商量。很快，她就把意见反馈给我，说："该书的名字就叫《浪花集》，你排出一份样子再给我们看看。"就这样，校样很快送到了她的手上。但她那时心脏病已经很严重，我几次去都看到她在打点滴或吸氧，虽然如此，她每天仍坚持看校样，我知道

张允和先生2001年10月9日致作者信

她把这部书稿看成是她晚年生活中的一件大事。她看完校样后又直接寄给了在苏州的弟弟张寰和，希望他再帮着看一看。可就在这之后，即2002年的8月14日，她心脏病发作去世了，她没能看到该书的出版，她老人家该是多么的遗憾啊！为了完成她的遗愿，我又和张寰和等人多方联系，几经周折，终于出版了该书。相信她听到这个消息后一定会开心地笑了。

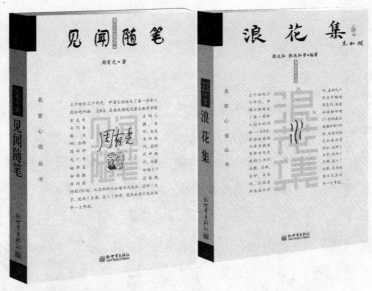

《见闻随笔》和《浪花集》书影

此后过了一段时间，周老恢复了往昔的平静生活后，亦将新编好的大作《见闻随笔》交给了我，我亦将其放入"名家心语"丛书中，于2006年年初出版。

上面是我为他们二老出书的一些情况。下面介绍周老同我聊天中提到的一些有趣的人和事。

关于美国和金融危机

周老现在虽然是足不出户，却能知天下事。他说："除了有很多关心我的亲戚和朋友从各地来北京看望我外，我还经常收到从美国、英国、日本及香港等地寄送的各种书刊，因为我可以读英文和日文的原著，所以能及时地了解到世界上发生的一些大事。就目前而言，虽然美国遇到了经济危机等问题，但仍然在世界上具有一定的优势，在政治、经济、文化教育、社会生活等方方面面都是如此。美国的经济要真是出了问题，首先受影响的就是中国，因为美国是目前中国最大的出口国。我是学经济学的，在美国时又在她们的银行里任过职，实际工作过，因此，对她们的社会有比较清楚的了解。"

周有光先生在书房中

周老说起这些来，真是头头是道，思维十分清晰，且有独到的见解，足资我们参考和借鉴。

接触过许多重要的人物

"我写过一些随笔和杂记，有些还结集出版了，据说这些内容还有人看，所以在介绍我的时候，主要是介绍我写的这些东西。其实，我的主业根本不是这些，我写过很多专业方面的书，如关于语言方面的书，大都被译成多种外文在国外出版，有些至今还被一些大学用作教科书。但现在的读者对这些不太关心了，他们听说我曾经和爱因斯坦聊过天，于是对此很关心。如今，跟爱因斯坦聊过天的人确实不多了，我是和他闲聊过好几次呢，但他搞的专业我不懂，我们聊的内容并不重要，所以，我没有什么好写的。其实，我和许多重要人物都有过交往，比如和毛泽东、周恩来等，我和他们都谈过话，还照过相，但我从来都不挂出来，因为我又不搞政治，挂出他们来我和别人怎么解释呢？"

"我在美国时，每个礼拜天，罗常培、老舍、李方桂都来我家聚餐。罗是满人，但他自己从未说过，我们都不知道。赵元任是我的老师一辈的人，和我是同乡，同住在常州的青果巷。我从年轻时就读他写的书，他是把外国语言学介绍到中国的第一人。我那时并不认识他，只是到了美国，才认识他的。我们常去看他，因为我的老伴张允和是他的学生，真正从他学习过。"

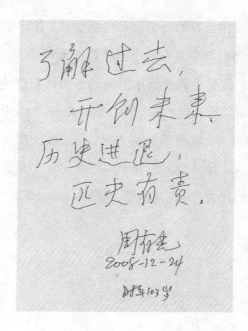

了解过去，
开创未来
历史进退，
匹夫有责。

周有光
2008-12-24
时年103岁

周有光先生手迹

关于"海派"和"京派"

　　周老的谈话范围很广，刚说完重要人物，又谈到了"海派"和"京派"。他说："在中国的知识界有'海派'和'京派'之分，我是属于'海派'的。我们上学时主要上的是美国人办的教会学校，好处是入校后即说英文，上到中学时英文已完全过关了，达到了用英文演讲的水平。大学上的又是上海的圣约翰大学，当时全国有三所最好的教会大学，除圣约翰大学外，还有南京的金陵大学和广州的岭南大学。我们上大学时，英语已不再是主攻方向，专业课才是我们的主攻方向。毕业后，同学中十有八九去美国留学，去了以后语言早已不是问题了，于是多选修经济、外交等课程。学成回来后又多在经济界和外交界供职，我的许多同学都是中国当时的外交家和经济学家。我这里说的是'海派'。而'京派'呢，当时北京只有一个清华留美预科学校，是美国人用庚子赔款办的。考入的学生其英语水平显然不如我们这些出自教会学校的学生，进入大学以后，还要花大气力学习英语，北大也是如此。但他们毕业后多投身政界，故政治影响力比较大。在我们这个大家庭中就可以分出这两派来。我是'海派'的代表，而沈从文是胡适聘的北大的教授，是'京派'的代表。胡适则既是'京派'又是'海派'。"

张家四姐妹

说到张家四姐妹，周老说："她们那时名气很大，叶圣陶先生说过这么一句话：'谁娶了张家四姐妹中的一个，谁就会幸福一辈子。'"

"不过，张家四姐妹中，以四妹充和的国学底子最好。她小的时候是和奶奶在安徽老家单独过的，其他三个姐姐都跟父母去了苏州，进了新

张家四姐妹1946年合影
前左起：允和、元和，后左起：充和、兆和

式学堂,接受新学教育。她们的奶奶本身很有文化,又很重视教育,家里又很有钱。她不让四妹去学校,而是请当时最好的国文教师到家里来教四妹一个人,所以,她从小接受了严格的国学训练,能诗、能书、能写、能画。只是奶奶不重视外语,这方面是欠缺的。虽然她没有上过小学和中学,但后来却以同等学历报考北京大学。考试的结果是,除了英语最差,其他文史各科都是最好的。按说外语不好北大是不会录取的,但她却是破格录取的。她后来嫁给了美国著名的汉学家傅汉思,去了美国后应邀在耶鲁大学任教。胡适去美国时,就常到她家去,有时就住在她家。因为,胡和傅汉思是朋友。"

张家三女婿:周有光(左)、傅汉思、沈从文(右)

听周老聊天，真使我获益匪浅，特别是看到他老人家身心两健，我就在想：这真是中国学术界的福气。他除了喜欢和人聊天外，还在笔耕不辍呢。他确实做到了活到老、学到老、写到老。我希望还能和他老人家聊天，更希望还能为他老人家出书。我期待着。

写于2008年12月15日深夜

邓广铭（1907—1998，北京大学历史系教授）

大 师 的 侧 影

我和邓广铭先生的一些交往

初识邓先生

　　邓先生的大名对我来说，真可谓如雷贯耳，知道得还是很早的。但真正拜访他是在1986年的夏天，当时，我在中华书局总编室工作。那个时候，总编室的工作特别忙，其中一个重要的原因，就是忙着筹备来年二月将要举行的"庆祝中华书局成立七十五周年"大会。鉴于1982年成立七十周年时曾编过一部专集——《回忆中华书局》（上编），所以，这次局里决定编辑出版《回忆中华书局》（下编），要求在来年一月前出版。局里把这个任务交我负责。接受了任务后我却犯开了愁，一是时间十分紧张；二是都找什么人去写文章呢？我征求了一些领导和老编辑们的意见，很快就确定了一张作者名单。在请教曾在中华书局总编室工作过的俞筱尧先生时，他一下子提出了好几位撰稿人，其中特别提到邓先生。他说邓先生参加过《资治通鉴》的点校工作，与当时中华书局的负责人金灿然先生交谊颇深，应该请他写一篇回忆金先生的文章。事不宜迟，我便请局里一位同事带领，去北大朗润园拜访了邓先生。考虑到他老人家当时已年届八十，恐怕不能亲自撰写文章，准备采用由他口述，我们记录整理的方式。

初见邓先生，原来是一位身材高大、讲话带有山东口音的老先生。他把我们让进里面的一间会客室坐下，问明来意后，他高兴地表示要亲自写一篇回忆文章，并同我们讲起金先生的一些事情。其中给我印象最深的是，他说金本来就患有脑病，"文革"中又遭受到残酷的迫害，病情加重，以致有些精神失常。有一天，金先生出门上了一辆公共汽车，售票员让他买票，他说没钱；问他去哪，他说去北大找邓广铭借钱去。而实际上，这车并不去北大。幸好车上有一位中华书局的工作人员，他把金先生扶下了车。讲完了这一段，邓先生的表情十分沉重，以后，他还几次同我讲到这件事。看得出，他一方面是在回忆同金先生的深厚友谊；另一方面也是在感慨中国知识分子的遭遇。

回来后不久，便收到了他寄来的文章——《追怀中华书局总编辑金灿然同志》。文中真实具体地介绍了他同中华书局和金灿然等一些老同志的交往和友谊，并在文章的最后，满怀深情地记述了上面那一段令人感慨的故事。

由此，我开始了同他老人家长达十多年的交往。

同赴江西开会

1990年的11月下旬，我去江西上饶参加纪念辛弃疾的一个学术研讨会。到了之后，才知道邓先生也来了。因为他是与会人中年龄最大、德高望重的学术权威，深得大家的尊重和拥戴。特别是一些年轻人，都希望能近距离地和先生接触，当然，更希望能和他老人家合影留念。
但是，他那时特别忙，除了要准备在大会和小会上的发言外，还要接待
方方面面的来访者，他的房间总是客人不断，我实在不好意思打搅他。
可别人知道我和他认识，希望我能帮忙说说和他照张相。机会终于来
了，会议安排我们外出参观，但不管他走到哪里，身旁总围着许多人，
都是想和他老人家照相的。没有办法，我只好和他的助手打了个招呼。
在一所建筑物前，邓先生从人群中主动向我招手，示意我过去。我赶紧
走了过去。他笑着对我说："这几天都没有时间和你聊，每天都有许多
人来看我，真是没办法。现在我们一起照一张相吧？"

　　我知道先生的雅意，便赶忙同他照了两张，并不好意思地说："还
有两位朋友也想同您照张相。"

邓广铭先生（中）、袁行霈先生（右）与作者合影

他说："你快请他们过来吧！"说完，又高兴地和他们一起合了影。

在返京的途中，我有幸和邓先生同乘一趟列车，在车上我和先生聊了许多。记得车到北京站时是清晨五点多钟，因为他的助手没有一起回来，我便帮邓先生拿着行李，把他送回家。他说："多亏你这么早送我回家，还帮我拿行李。"其后不久，我又收到他的来信："江西归来，承你一路照顾，一直送到舍下，我迄今感念不忘。今寄上武夷山下照片两张，我以为照得都还较好。"

本来是应当的事，可先生却一再感谢，并将照片洗好寄我，真令我感动。

传统文化首先应该现代化

我在编辑《传统文化与现代化》杂志时，曾多次拜访他老人家，一是为了听听他对这一问题的意见，以便我们改进工作；一是为了向他组稿，以丰富和提高刊物的内容和质量。其实，他那时手头的事特别多，主要是忙于修订他的四部大作——《王安石》、《岳飞传》、《陈龙川传》和《辛弃疾传》。他曾多次表示：要谢绝一切杂事，集中精力完成这四部书的修订工作。但当我同他谈到今天应该如何看待"传统文化与现代化"这一问题时，他却表现出了极大的兴致和关注。他说："这是一个热门话题。建设现代化当然离不开传统文化，但也离不开西方的科学技术。对于我们的传统文化，我看只能坚持批判地继承，不能说我们的传统文化什么都是好的，要对其进行具体的研究和分析。同

《传统文化与现代化》创刊号书影

时对于西方的东西，应该采取鲁迅先生的态度，实行拿来主义，为我所用，但不能全盘照搬。胡适先生早年主张全盘西化，到了后来，他改正了自己的这一观点，认为这是行不通的。但他坚持认为我们的传统文化首先应该现代化，这一点是非常重要的。"

听先生这么一讲，我便趁机提出："可否请您就此观点写一篇小文，千字左右即可。我正在编辑《传统文化与现代化·创刊三周年纪念册》，您的这篇文章就发表在其中吧。"

先生听了后，点了点头说："这倒可以，我就以此来发挥一下吧。"仿佛把刚才同我说的要谢绝一切杂事都忘了似的。大概他认为这是正题，而非杂事吧。

很快，我便收到了他寄给我的文章，题目是《关于传统文化与现代化问题之我见》。等纪念册印出来后，我赶紧给先生送去。他看了后，连声称赞印得好。又说："关于这个问题，我本来有许多话要说，只是你当时限我写千字以内，只好就写那么多了。有人反对研究传统文化，认为传统文化与现代化没有联系。这怎么可能呢？传统文化就好比一个人的头上长的头发，不管你理什么样的发式，多么现代派的发式，首先你要长有头发，然后才能决定你理的发式。没有了头发，你又谈得上

北京大学
PEKING UNIVERSITY

Telex 22239 PKUNI CN
Fax 86-1-256-4095
Beijing 100871 China

世林同志:

拙作《略论王安石为天下理财的意义》，承蒙於贵刊刊出，至以为感。今再寄来《略论王安石的理财·中国的战略设想》一文，请与贵刊编辑部诸同志一同审正。此文与前文为姊妹篇，同为企图还原王安石如本出这位名家的本来面目者。但此篇写得较为啰嗦，如荐稿所通不过，盼能将原稿退还为荷。关于宋神宗与王安石的关系，以及王安石两次（特别是第二次）罢相的实质原因，八九百年来一直都在迷离惝恍中，我现在都要把它探索清楚，而千华成见，破除为难，故不惜多费一些笔墨也。所怕的只是依然未能洞见要领耳。一切听取高明裁处。故颂

编安！

                              邓广铭 拜复
                              1996.10.24.

邓广铭先生1996年10月24日致作者信

理什么发式呢？不研究传统文化，你又怎么能建设精神文明？怎么能实现现代化呢？"

先生用头发与发式关系的比喻，生动形象地说明了传统文化与现代化之间的关系，给我留下了深刻的印象。当然了，他既然认为这是一个重要的问题，就决不会仅仅停留在一般的谈论上，而是从历史的个案中寻找出一些值得我们今天认真研究借鉴的问题，写成专文发表出来。他先为我刊写了《略论王安石"为天下理财"的主张及其实践》的长文（见《传统文化与现代化》1996年第4期），从"欲富天下则资之天地"的见解的提出、王安石是反对实行榷茶法的、王与司马光关于理财问题的争论、最足体现"为天下理财"主张的"农田水利法"这四个方面立论，全面详实地介绍了北宋改革家王安石围绕"理财"这一核心问题而实行的一系列政治改革的主张，并以大量的史实和数据证实了改革所取得的业绩。

过了几个月，他又撰写了《王安石统一中国的战略设想及其个人行藏》一文（见《传统文化与现代化》1997年第2期），该文与上一篇实为姊妹篇，通过大量史实和事例，说明王安石作为一个杰出的政治家，他为北宋王朝能够统一中国不计个人得失，殚精竭虑，提出了一些切实可行的战略设想，并敢于坚持自己的主张；另一方面，在这些主张遭受到保守派的攻击而无法真正贯彻实行时，他不惜断送自己的政治生涯，两次主动提出罢去自己的宰相之职。

通过对这些历史事件的梳理和分析，邓先生不仅是要恢复王安石作为北宋杰出的改革政治家的本来面目，同时亦揭示了当时改革与保守两派势力之间的残酷斗争，王的两次罢相就是明证。

由此可见，邓先生研究历史，不仅仅是为了恢复历史的本来面目，更重要的还是为了引起今天人们的参考和借鉴。传统文化与现代化的关系就在这里。

听邓先生聊天

每次见到邓先生，他都会同我谈起一些过去的人和事。有一次，他同我谈到了陈寅恪先生。他说当年在昆明的时候，常和陈先生在一起，同时在一起的还有一些专家，如罗常培和容庚等人。但说话的时候，大家都只能听陈先生一个人谈，别的人都插不上话，因为他的知识太渊博了。说到汪篯，邓先生说，汪那时候一直以陈先生的学生和弟子自居，而且还不许我们称是陈先生的弟子。解放后，他去广东劝说陈先生来京出任中古史所的所长，遭到陈先生的断然拒绝，并宣布汪今后不再是他的弟子。这些实在出乎汪的预料。

又有一次，他同我谈到了《光明日报》的穆欣先生，说穆那时是总编辑，他们一起编辑"史学"版。穆写了一本研究《红楼梦》的书，有人看后，不同意出，结果便不能出版了。

最后一次向邓先生约稿

1997年，我正在全力地组织和编辑《学林春秋》这一部大书，想趁学术界中的一些老先生还健在，赶快请他们自己动手，把自己一生摸索和积累起来的宝贵的治学经验记录下来，传给后人。当我把这一想法讲给他老人家听后,他非常高兴,说:"我支持你的这一想法,这确实是一件大事,是应该尽快做的。你准备让我做什么呢?"

我说:"我已经给您想好了一个题目,而且这个题目还是非您莫属,就是《我和宋史》。"

"这个题目确实应该由我来写,我也有话要说。尽管我手头要写的东西很多,但我答应你,争取先写出这一篇。"

可是,在这之后不久,先生就因病住进了医院。在住院期间,先生还一直思考着这篇文章。我有一次曾向先生的女儿邓小南询问他的病情,她告诉我,他的病很严重,只是他自己并不知道,他还一直在说要赶紧出院给张世林写文章呢。多好的先生啊!1998年1月9日的上午,我去医院看望先生,当时他已经昏迷不醒了。第二天,他老人家就永远地离开了我们。在我同先生长达十多年的交往中,他还是头一次爽约未能按时交稿,而且是永远也拿不到先生的稿子了。每念及此,不禁悲从中来。《学林春秋》中不能没有先生的稿子啊!缺了先生,就等于书中整个宋代部分都付之阙如了啊!虽然中华书局1998年版的《学林春秋》中没有先生的文章,但我一直不甘心,总认为先生一生致力于宋代历史和文学的研究,一定写过这方面的文章。为此,我曾同邓小南先生联系过,希望她再找找。

直到1999年的2月,我去北大参加纪念邓先生逝世一周年的大会,会上先生的长女邓可因在发言中提到——90年代初的一天,父亲不知为什么,把我叫到身边,说要口述一篇自述文章,由我记录整理。文章整理好后,送给父亲修改过目,但他改定后,一直没让发表。前些天整理父亲的遗物,从箱子底下翻出了这篇文章。言者无意,闻者有心。待大会一散,我赶忙找到邓可因先生,说我很想要来这篇文章看看。待我收到她寄来的文章打开一看，真让我喜出望外，题目竟是《我和辛稼轩的因缘是怎样结成的》，正与我的要求暗合。内容刚好讲述了他研究辛稼轩的始末和心得体会，完全符合《学林春秋》一书的编辑体例和要求。真是天遂人愿！又似乎冥冥之中，先生还在给我以帮助和支持。于是，我便把先生的这篇遗作补入朝华出版社1999年版《学林春秋》（初编）中了，既了却了自己的一桩心愿，也是对先生最好的纪念。

一转眼，先生离开我们已经十年多了。这期间，我一直想写一篇回忆他的文章，写了一些，却因回忆的痛苦而中断了。这次，我坚持把这篇文章写出来，虽然还很痛苦，但更多的是一种责任。我应该把我知道的邓先生如实地写出来，让后人能够多了解他、纪念他。

2008年10月19日深夜写毕于京北传薪斋

吴宗济（1909年生，中国社会科学院语言研究所研究员）

大 师 的 侧 影

百岁学人吴宗济先生

今年是吴老的百岁华诞，除了前一段时间因病人显得消瘦外，吴老的精、气、神可谓是依然如故。这本身就是一个奇迹了。目前，他不但生活能够自理，而且还可以写作。他说现在最想写的就是回忆录，他经历过的事情太多了。我在同他老人家接触当中，听他讲过一些很有趣的往事，兹记录下来，以公诸同好。

和傅斯年赌气离开史语所

吴老说："我是1935年即清华大学毕业后的第二年在北平考入史语所的。离开的时候是1940年，当时史语所在昆明，原因则是因为与所长傅斯年先生赌气。那时，我和凌纯声、陶孟和等人在外面编了一本杂志——《西南边疆半月刊》，时我任主编，一共出版了七期。有一天所长傅斯年来找我，他已经知道了我在外面编杂志的事，故对我说，给你两个选择：要么留在所里，不再编杂志了；要么编你的杂志，人离开所里。傅这个人很霸气，我的导师赵元任先生就是因为与他不和才离开史语所去了美国的。我那时年轻，加之外面有人希望我能去他们那里工作，于是，我一赌气，第二天便向傅递交了辞呈离开了史语所。"

逃过"反右"一劫

　　1956年，吴老在其恩师罗常培的召唤下，从上海来到北京，进入了语言研究所，时罗先生任所长。早在1933年，时在北大任教的罗先生应清华大学之约在该校开设"中国音韵沿革"课程，一共讲了半年，吴先生选了他的课。从此二人结下了师生之谊。解放后，罗先生一直在打听吴的下落，直到1956年才把他调进语言所，吴先生说自己总算归了队。第二年即1957年，当时中国和捷克两国决定互相交换研究人员，语言所只有一个名额，罗先生指派吴先生去。那时国内"反右"运动已经开

工作中的吴宗济先生

始，正在批判"章罗联盟"（指所谓的章伯钧和罗隆基"反党联盟"），吴说："此前我已参加过几次会议，给共产党提过一些意见，而且我那时已加入农工民主党，主席就是章伯钧。在我临出国的前一天，所里召开批判章的大会，我参加了，还在会上发言，为章抱不平。结果有人把我的发言整理出来，准备第二天上午九点开会批判我。这些事我并不知道，因为已定好我第二天一早出国，所以那天早上七点我就去了北京火车站上了火车。到了八点，准备批判我的人来到所里找我，当时所长罗先生病了，由副所长吕叔湘主事，他为人很厚道，对来人说我已经上了火车，来人一听让赶快把我叫回来。吕先生则说他既然已经走了，就不要叫回来了，干脆等他出国回来后再补课吧！就这样，等我十个月后回国时，'反右'这阵风已经刮过去了，我算是逃过了这一劫。"

下干校参加劳动

"1969年，我们被下放去了社科院设在河南息县的干校参加劳动，后又转入明港干校。我因为学过木匠，心想下去后可能会用上，所以便带了全套的木工工具下去的，结果真的被分配去干木工，具体说就是盖房子。因为我有这点儿手艺，所以没有下农田干农活，一直到1971年林彪事件发生后，我们回到北京为止。俞平伯先生除了教书和写文章，好像不会干别的，所以他到干校后被分配去养猪。我在院子里干木工活时，经常看到俞先生在田头手拿一根木棍在放猪。他那时身穿一件半长过膝的衣服，身上脏兮兮的。造反派对他可是一点也没给予照顾。"

说到1971年由干校返回北京一事，吴先生说："那还是奉周恩来总

吴宗济先生与作者合影

理的指示即让社科院的文学所和语言所先回来。而江青却反对说：'人人都会说话，要语言所干什么？'这是江青当时的名言。由于周总理的坚持，我们才返回北京的。"

跟吴老聊天，你根本感觉不到他已是一位百岁高龄的老人了，除了要戴助听器以外，一切基本正常。他的记忆力相当好，几十年前的往事他都能记得，而且说出来还都清清楚楚。他至今还是笔耕不辍，经常要应各方之约，写一些回忆录和纪念文字。他常对我说："你要多催着我点儿，这两年因为害病，我少写了很多文章，只要你催我，还是可以写一些的。"

我现在每次去看他，都会催他快点儿把《百年回忆》写出来。衷心祝愿他老人家身体健康！祝愿他早日写出《百年回忆》！

写于2009年1月8日夜

张岱年（1909—2004，北京大学哲学系教授）

大 师 的 侧 影

望之俨然即之也温的张岱年先生

张岱老是一个很严肃的人，这一点仅从他的外表就可以直接感受到。高大魁梧的身材，加上满头的白发，配上那张方正通达、不苟言笑的脸庞，令人不由得肃然起敬。他毕生从事中国哲学的研究，著作等身，是学术界公认的国学大师和哲学泰斗。按说，这样的大师一般人很难结识，而我却十分幸运，由于在中华书局从事编辑工作，我不仅得以结识

张岱年先生与作者合影

张岱老，此后还不断地去拜访他，当面向他组稿。他给我的感觉也就由最初的望之俨然而变为即之也温了。其实，"温"不等于随便，表现出来

的也不是笑容，只说明了他的热情。即便我后来跟他老人家比较熟了，也没有见到过他笑。这大概是因为他是搞哲学的吧，早已养成了严肃思考的习惯。

大哲学家的小书房及其他

我自上个世纪80年代中期第一次去拜访张岱老，去的就是北大校外中关园那片普通的六层红砖楼。没去之前，想象中他的房子应该是不错的，起码书房比较大，里面四壁放满了图书。可当我真的走进他家的大门，他领我穿过狭窄的过道进入他的书房兼会客室时，我简直无法相信，这么大的学者，其书房会是这么小，这么挤，也就是八个平方左右，因为还要会客，所以放不下什么大书柜，靠近门的地方放了一张小圆桌和几把椅子，靠墙的一边好像只并排立着两个极普通的书柜和一张小书桌，除此之外，已经放不下什么东西了。不过这间小房里确实堆满了书，各式各样的图书和杂志，堆放在桌子上、椅子上、窗台上和地上，好不容易坐下后，就不能再随便活动了。尽管我很想不通，怎么这么大的学者居住得会如此窘迫？但是他老人家却是一副超然物外、从容不迫的样子，他在准备认真听你讲话。

除了住房小让人感到吃惊，他老人家的日常生活起居也颇令我诧异。曾有好几次，在寒冷的冬季，我在他家的楼下，碰到全副武装的老先生或刚刚出门回来，或正准备出门，一问才知道，是为了寄信和买东西。要知道先生那时已是90岁高龄的老人了，为什么就不能有个人帮他分担一下这些日常琐事呢？我相信他决不仅仅是为了锻炼身体。再说他的老伴冯先生，与他是同庚，对人和蔼可亲。我每次去，她都要亲自给我端茶倒水，然后就去厨房做饭炒菜，未见有家人或保姆协助。幸亏他们两人当时身体都还好，可以生活自理。可毕竟他们都是那么高龄的老人了，又是享誉国际的著名学者，难道不应该给他们提供一个好一点的生活环境，让他们写出更多的精神产品吗？我每次见到他们，这些问题就会出现在我的脑子里，虽然他们二老早已习以为常，并不以此为苦，但我总会为他们担心。

即之也温，有求必应

我在前面已经说过，他老人家最初给人的感觉是望之俨然，而接触之后，原来是即之也温，虽然这"温"不表现为微笑，却让你能感觉到实实在在的温暖，其实，就是热情。不然，他怎么会对你有求必应呢？我和他老人家应该说是有缘的。最初我在编辑《书品》杂志时，即开始向他组稿，从而建立了密切的联系。到了1992年，匡亚明老主持国家古籍整理出版规划小组工作以后，提出要创办《传统文化与现代化》杂志，同时提出请张岱老任该杂志的主编，之后，亦将我调入小组，参与创办该杂志。这样，我作为责任编辑，除了继续向他组稿外，有时还要向他请示和汇报工作。所以，和他老人家的接触就更加密切了。他对我们的工作总是给予热情的鼓励和支持，他常对我说："我这个主编不管具体的事情，你们干得已经很好了，我能干的就是你们觉得需要的话，我可以给杂志写一些文章。起码每年保证最少写一篇。"他是这么说的，也确实是这么做的。他先后为本刊撰写了三篇重要文章：

《中国文化的新时代》发表在1993年的创刊号上；《论中国哲学发展的前景》刊登在1994年第3期上；《中国传统哲学的继承和改造》刊发于1995年第2期。这些文章之所以重要，就是因为作者站在时代的高度，就中国文化的未来和发展方向提出了自己的看法：对待传统文化，只要认真地继承、改造和发展，就可以为我们的现代化建设提供有益的借鉴和服务。这些文章同时还具有示范的作用。他老人家的最大特点就是，为人严肃认真，做事也同样严肃认真。他给我的稿子，都是他自己一笔一划，一丝不苟写好的，干干净净，清清楚楚。作者严谨的学风一下子就可以深深地感染你。

其实，我对他老人家的要求还远远不止于此。我曾提出希望他能为我主编的《学林春秋》和《学林往事》两书写稿，他对此非常支持，如期交稿。我调到新世界出版社后，主编了"名家心语"丛书，希望他能加入其中。他很快编好了《晚思集》一书，交我出版。此外，我社还出版了《在北大听讲座》这样一套丛书，责编是我的一个朋友，她希望能请张岱老给题写书名。我们去拜访了他，并当面提出了这一请求。由于要得急，他老人家当场给我们题写了一横一竖两张。我确实给他找了许多麻烦，他却不以为忤，总是有求必应。

胞兄张申府

有时办完了公事，我们也会聊一会儿天。他同我谈过一些过去的人和事，给我留下较深印象的是他讲他的大哥张申府。他说："他叫张崧年，字申府，参加革命后便以字行。他比我大16岁，活了93岁。"

我说："听说张申府先生是中国共产党的创始人之一，还是周恩来的入党介绍人呢。是这样吗？"

"是的。"

"我还听说当年毛泽东在北大图书馆工作时，章士钊曾提出给毛加薪，但申府先生认为毛的字写得太潦草，他抄写的图书卡片有人反映不认识，所以不同意加薪。有这回事吗？"

"加薪的事我倒没听说，而家兄确实有几次让毛重新填写卡片，嫌他的字潦草，不好认。那时北大图书馆的馆长是李大钊先生，家兄是他的助手，负责处理一些日常事务。和章士钊相比，家兄太不会看人了，他就没有看出日后毛泽东的发展来。而章士钊会看相，听说杨开慧的父亲就曾问过章士钊，你看我女儿这个男朋友今后会怎样？章答说毛将来是个人物，前途不可限量啊！因为这一点，解放以后毛一直对章很好。"

"那是不是因为张申府先生嫌毛的字潦草，反对给他加薪，解放后毛对他就不好了呢？"

"也不全因为这个。1948年解放战争后期，家兄写了一篇文章呼吁'和平'，就是这篇文章让他犯了错。毛看了这篇文章很生气，认为他是在帮蒋介石的忙。其实，当时有一批文化人写劝国共和平的文章，再加上当时生活比较困难，那家报纸答应家兄写这篇文章给三千元的稿费。为了这件事，解放后家兄曾给周恩来总理写信承认错误。周回信说，你目前只有两条出路：一是回北大当教授、教书；一是当研究员。除此之外，没有其他的出路。家兄想自己犯了这样的错误，回北大当教授，估计学生不好惹，于是决定去当研究员，后来去了北京图书馆。这就是他解放后的情况。"

虽然这个话题比较沉重，但他还是实事求是地介绍了上述情况。

我想，能让他老人家晚年高兴的事，应该是迁入蓝旗营的新居了。时间好像是在2002年，他把新居的门牌号码告诉了我，我后来到

在张岱年先生新居客厅里（左为周奎杰先生，右为作者）

新居去看望他。客厅比过去大多了，我们坐在宽大的沙发上聊天，还可以站起来随意地走动，看得出他们老两口内心的高兴。我们这些人更是从内心里替他们高兴。多么希望他们老两口能健康长寿，在新居里欢庆百年华诞啊！记得我2004年年初去看望他们，他老伴身体不是太好，但他看上去精神还是不错的。我当时还同他讲起我准备写一部记述我同一些老先生交往的书，想请他赐序。他听后很高兴，鼓励我一定要写出来，"要把你同这些老先生们交往中听到的那些事情如实地写出来，我就等着先睹为快了。我一定会给你写序的"。可万万没有想到，在这之后不久，他们老两口就相继驾鹤西归了。我虽然一直拖到今天才开始动笔，我知道我再也读不到他为我写的序了，但是，他给我的鼓励不就是最好的序言吗？我一定不会辜负他老人家的雅意的。谨以此文寄托我的哀思！

2008年9月26日夜写于京北传薪斋

杨向奎（1910—2000，中国社会科学院历史研究所研究员）

大 师 的 侧 影

听杨向奎先生聊天

杨向老离开我们已经有多年了，每当我外出路过东城的干面胡同时，便会情不自禁地想起他老人家，回忆起听他聊天的快乐时光，真是恍如昨日。现根据记录将他谈到的一些人和事披露出来，既可作为学坛掌故，以资启迪和参考；又可寄寓我对他老人家的深深的怀念。

"耐得寂寞"

有一次，我约他写一篇总结自己治学经验的文章，他老人家好像当时没有反对，可结果却给我写了一篇谈"防风氏"的文章（《历史与神话交融的防风氏》，见《传统文化与现代化》1998年第1期）。他对我说："我最不愿意写'治学经验'一类的文章，与别人相比，我只是一个小人物。我常跟年轻人讲，做学问就要耐得住寂寞，要想要名和利，就不要干这一行，靠读书和写文章是不会发财的。结果有一天的中午，我的一位街坊，一位年轻人急匆匆地跑来告诉我：您快听啊！电台正在播采访您谈'耐得寂寞'呢。我听后只好说：'看来我并不寂寞'。"

哲学与科学

杨老曾出版过一本大著，名字就叫《哲学与科学》。他老人家还亲笔题名送了我一本。回家后打开来一看，里面尽是"符号"和各种计算公式，浅薄如我，怎么能看得懂呢。

他告诉我："我以前是搞历史的，后来想搞哲学，可搞哲学就离不开自然科学，所以，自60年代初起，我就开始研究物理和数学。说起来这里面还有一段故事呢。当时，林彪曾让我给他讲讲哲学，讲过后，我给他写过几本讲哲学的小册子。后来，到了'文化大革命'的时候，他却下令把我给关起来了，整整关了我四年。关押期间，古书当然不能读了，但外文书却是可以读的。说来好笑，那时侯，王府井外文书店里有好多介绍外国最新自然科学的书籍，因为怕外国人说我们是'海盗版'吧，所以，外文书店不让外国人进，却让中国人进。我的老伴懂英语，于是就让她到外文书店给我买回这方面的书。我的女儿在美国，也给我寄回过这方面的书。这样，我就利用这段时间阅读了大量这方面的图书，收获很大。1980年我访问美国，在一些大学的演讲中，我提出了'哲学和自然科学'的问题，特别是我提出了对'熵'的新看法，曾引起很大的轰动。由此我想，要想搞哲学，不懂得自然科学是决不行的。"别看杨老说这话时已是八十多岁的老人了，但他的思维和认识还是蛮超前的。许多年轻人还没有他老人家这样的认识和实践呢。

我们那时学文科的是最好的学生

杨老自己因为要学好哲学，而到了晚年开始自学物理和数学，并以自己的论著证明哲学与科学之间密不可分的关系。但是，当他谈到社会上现在普遍存在的"重理轻文"的现象时，则不无感慨地说："我们求学的那个时代刚好和现在相反，上大学时，报考文科的往往是班里学习最好的学生。他们不仅文科知识学得好，理科知识也学得好。相反，有些人是因为文科学得不好，只好去报理科。我们那班的同学就是这样。可听说现在大学文科没什么人爱报，真是……"他老人家说到这里，也只能是摇头、叹息了。真是此一时也，彼一时也。

张政烺先生

杨老聊天时，必然要涉及到一些人和事。有一次，他说道："张政烺先生对版本目录是很熟的，他不仅熟悉书的皮子，而且还熟悉书的内容。40年代北大图书馆购进那么多的善本书，主要就是因为张先生识货啊！张先生大学毕业后便到中央研究院史语所，一直从事图书采购工作，过手的书很多，所以，他对版本是很熟的。有一次，傅孟真（斯年）买到一部宋版《史记》，他对我们讲这书有什么什么特点，从版刻、用纸到行款等方面看应该是一部宋版书。但说完这些，他又加上一句：

'不过，我说了不算数，要等张政烺看过，他说是宋版才算数。'要知道，傅可是张的老师啊！那个时候，张政烺不过才二十多岁，可见他在这方面的地位。傅对张虽然很器重，但却让张做了整整十年的图书管理员，并没有提拔张先生做副研究员或研究员。所以，张先生在中研院不仅职称没有提，而且薪水也很低。张先生是山东人，为人很老实，不会和人计较。一直到了1946年，有一天，我正在所里，看到张先生去傅的办公室找他理论这件事。可张先生这人不会说这种话，他没有好好讲自己干了这么多年，都取得了哪些成就，应该提级等等，而是一进门，用手指着傅说：'我干了十年图书采购员的工作，你都没有给我提过级，我今天真想揍你一顿。'张先生是山东大汉，那傅先生也是山东聊城人，更是人高马大，体重有二百多斤。傅先生听后便说：'凭我的块头和力气，加上我出手又快，若论打架，你打得过我吗？'你看看，这两个山东人多有意思。

"究竟为什么傅器重张先生却又不肯提拔他呢？说穿了，就是傅和胡适都有严重的崇洋思想。凡是留学回来的，他们才提拔；没留过学的，他们就不提拔。同样为傅所器重的丁声树先生，他的确很用功，记忆力很强，更因其留过洋，所以，傅很快就把丁提拔成研究员了。1946年，傅任北大代校长时，在聘用教授上还是坚持其一贯的崇洋思想，凡留过洋的他就聘为教授，如周一良就接到了教授的聘书；凡没有留过洋的只能聘为副教授，如邓广铭和张政烺接到的都是副教授的聘书。可是这回，张先生不接受了，他掏出了清华大学的聘书，告之清华已正式聘我为教授了。傅看过后，只好又聘张为教授，因为他确实不舍得放走张先生，而邓广铭只做了副教授。

"当然了，傅和胡崇洋也不是没有原因的。那时，中国和美国相比，确实相差太远了。加之在学术上，傅和胡都接受了西方的一些新思想和新方法，据此来研究、整理国学，出了一大批成果。所以，他们重用留过洋的人。"

丁声树先生

"丁声树和张政烺两人，那时候被人们称为史语所的双璧。丁先生这个人做学问很用功，他把整本的《大英字典》和《康熙字典》都背过。加之他留过洋，傅斯年确实很器重他，只用了三年的时间就把他提升为研究员了。这在史语所的历史上是绝无仅有的。傅很信任他，有些重要的事都是让他去办。抗战时期，中研院史语所迁到了四川的李庄，傅的老师陈独秀那时很不得志，正隐居在四川的江津，生活拮据。傅知道后便派丁去江津，拟请陈来中研院里工作。但陈考虑到中研院实际上是国民党的一个机构，便没有答应。

"丁先生这个人为人很谦虚，从不会张扬自己。他和张政烺一样，都是年轻时太用功，结果用脑过度，老年反而都傻了。丁生病住院后，我曾去看过他几次。先头我去，在他耳边大声喊：'杨向奎来看你了。'他听后还会'哦'一声。后来再去看他，喊过之后，他连反应都没有了。如今，张先生在医院里也有些傻了。真是太可惜了！"

郭沫若先生

"关于郭这个人，现在的人对他指责的不少，但我对他的看法与这些人不同，我认为他还是一个文人。解放后他兼历史所所长，常到所里来同我们聊天。来后同所里见到的人都说上两句，有问题的可以直接向他提问，没有什么架子。他也留过洋，接受过新思想和新方法，而且早年又投身革命。依他的学识和在甲骨文及金文研究上能取得那么大的成果，应该说贡献超过了王国维。当然了，他投身政治，但在这方面不得意，后来毛也并不喜欢他，在'文革'中还是被打掉了。"

听杨老聊天，真的很有趣，很长见闻，特别是他谈到的学术界中的那些老人老事，不仅特别吸引人，而且还为我们了解那时的历史、文化、社会等情况和重要学人的交往和治学提供了生动、真实的资料。现在知道那些事的老先生是越来越少了，他也羽化登仙了，我再也不能同他老人家聊天了。每一念兹，则怅然若失。

2008年8月22日夜改写于京北传薪斋

钱锺书（1910—1998，中国社会科学院文学研究所研究员）

大 师 的 侧 影

怀念钱锺书先生

　　上世纪80年代中后期，我编《书品》杂志时结识了钱锺书先生。那时的钱先生虽不像后来由于小说《围城》被搬上了电视荧屏那般家喻户晓，但是在学术界和出版界，一提到他的大名，确是如雷贯耳。我呢，只是区区一名小编辑，怎好去打搅他呢？更何况听说他一向淡泊名利，惜时如金，从不愿接受外人的采访。可是为了办好《书品》，为了能得到钱先生的支持，我还是鼓足勇气，拿着刚刚出版的创刊号，轻轻地叩响了钱先生的宅门。我当时想，若开门的人告诉我钱先生不会客，我放下书就走。没想到来开门的是杨绛先生，我忙红着脸一边自报家门，一边说是周振甫先生介绍我来给您们送书的。杨先生听后，便客气地把我让进客厅，说你先坐一下，我去叫锺书过来。直到这时，我那颗悬着的心才稍稍放了下来。不一会儿，杨先生端着一杯茶进来，后面跟着身穿灰布中式对襟棉袄的钱先生。我见了忙站起来，很有些局促不安。钱先生则一边走过来一边说："快坐下。"说着他自己坐在了我旁边的沙发上。这时杨先生把茶放到小几上，轻声地说："喝点茶吧。"我刚点了下头，"你在中华书局工作？具体做什么？"钱先生的问话声音也是轻轻的，一脸的儒雅和慈爱。我赶紧从包里拿出《书品》创刊号来，恭恭敬敬地递给先生，"这是中华新创刊的一本杂志，我是责任编辑。"先生接过去认真翻看了几页后，递给坐在旁边的杨先生说："你也看一看，印制得还不错。"我见二老兴致挺高，忙不失时机地说道："这本小刊物是季刊，一年出四本，以后想送给您们，听听意见。""好呀，可就是麻烦你了。""能来看您们，我该多高兴啊！"不敢多浪费二老的时间，我起身告辞。杨先生一直把我送到门外。

从这以后，每出版一期新的杂志，我都要赶紧给二老送去，希望能听听他们的意见，更希望他们也能为《书品》写点什么。钱先生对这本小杂志看得还是很认真的，他在创刊不久，即1986年6月28号写信给编辑部称："刊物中文章甚引人入胜。"并就创刊号上《读〈水窗春呓〉后》一文中提到的在清代传记中不见作者生平记载事指出："其人数见于晚清人文集、笔记，拙著《七缀集》121页即提到'那位足智多能的活动家金安清'，并引俞樾作金寿序。"可见先生对这本杂志的关注和爱护。有一次他还当面对我讲："你们办的这本杂志口碑很好，来我这里的几位先生都提到了它。"能得到钱先生的称赞，我心里甜甜的。但最想得到的还是先生的文章。那时先生的大著《谈艺录》（补订本）刚由中华书局出版不久，在读者中间引起了极大的反响，一时洛阳纸贵。当然，也有不少人反映读不大懂。于是我把这些情况当面汇报给先生，并借机提出可否写一篇《我和〈谈艺录〉》的文章，向读者介绍一下撰写该书的想法和用意，交由《书品》发表。听了我的提议，先生没有反对，只说可以考虑。这真让我有点儿"喜出望外"。大约过了一段时间，先生打电话叫我给他带一本《谈艺录》去，说是发现书中有一些错误，需要改正过来。我赶忙给他送去一本。他说手头的书都已送光了，想再买一些，书局说还没有印出来，就托你带一本来，把发现的问题直接改在书上，以便重印时对照改正。我听后回到单位赶紧又给先生找了一本寄去。

那一段时间，先生的身体有些不适，几次去看望，杨先生都说医生不让他见客谈话。过了一段时间，忽接到先生寄来的一本书，就是他亲手改过的那本《谈艺录》，里面还夹着一封给我的信。我把那本书交给了有关的编辑室。

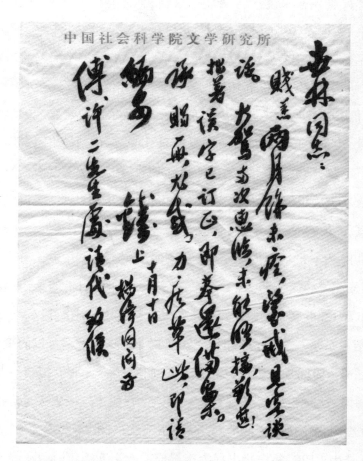

钱锺书先生1988年10月10日致作者信

　　先生是一个挺随和的人，特别是对年轻人，不像人们想象的那样不好接触。每次我去看望他们，有时是先生来开门，见是我便高兴地让进客厅，还亲自给我倒茶。我知道他的时间很宝贵，把要办的事或要说的话赶紧办完、说完，就准备告辞。但他有时并没有要我走的意思，而是坐在旁边的一张躺椅上和我谈天。先生是一个很健谈的人，有时他一谈就是半个小时或四十分钟，我在一边静静地听，一句话也插不上。他讲完了，便站起来说："今天就谈这些。你还有事吗？"我这才慌忙起身告辞。先生同我讲的那些话，只可惜我当时没能记录下来，因为有些我也听不大懂。但有一次谈到钱穆先生，却给我留下了深刻的印象。他说："他岁数比我大，但若按家谱算，我辈分比他高。今年（可能是1989年）正值苏州建城两千五百年，中央出于统战工作的需要，想请他回大陆看看。由谁去信邀请呢？于是便想到了我。一位领导出面，要我写这封信。依我对他的了解，我相信他接到我的信也是决不会回来的。有可能还会来个反统战。我说出了我的考虑，但来人坚持要写。没办法，我只好写了信。可是，果不其然，没过多久，我给他的信连同他的声明就在香港的一家报纸上发表了。我知道他是决不会和中共合作的。"我想，依先生之世事洞明，他是不愿意写这封信的。可惜的是，两位先生均已作古，看不到今天两岸的关系发生了多么大的变化了。

　　先生又是一个很严谨的人，不管对谁，他认为不可以的事情，都很难通融。1988年，为了庆祝《书品》创刊三周年，我们拟请一些著名学者题词勉励，当然就想到了先生。于是，我便把这一想法写信报告给他，没想到很快接到了回信。信写得很客气，不但不同意为《书品》题词，还举出了1987年中华书局为庆祝成立七十五周年时曾派专人送纸索题未果一事为例。真是拒绝有方。

钱锺书先生1988年11月30日致作者信

先生是一个博览群书、学贯中西的人。这方面的事见诸报道的已经很多了，我只想举一件亲身经历过的事。有一天先生给我打电话说："从《书品》上得知，中华书局出版了《中华大藏经》的前50册，你下次来时方便的话，可否将前5册带我一阅？"没过几天，我便将这厚重的五本书带给了先生。过了不到两个礼拜的时间，又接到了先生的电话，要我再给他借去6—10册。我把书交给先生后，他告诉我："前5册已经看完了，你带回去吧。以后我每次就借5册。"要知道该书是影印本，大16开，精装。这么快，先生就看完了？先生见状，又补了一句："我这已经是第四次看《大藏经》了。"听完后我心想，《中华大藏经》全部出齐要有220巨册，甭说看四遍了，连一本都看不明白。走出门来，我还在想先生是不是夸张了呢？不过，我还是每隔十几天便去先生家送去新的5册，取回看过的5册。就这样，我帮先生借了一段时间的书。

先生去世以后，他的挚友李慎之写过一篇悼念他的文章——《石在，火是不会灭的》，其中，记下了这样一个情节：躺在病床上的先生对前来看望他的好友说：我这一辈子没有什么可遗憾的了，东方的大经大典我看过了，西方的大经大典我也看过了。听了这话以后，李先生感慨道：环顾宇内，今天的学人有谁能说出这样的话呢！读到这里，我好惭愧！我只能为先生借书，却根本读不懂先生这部大书！

如今，先生离开我们已经整整十年了。这期间我总想写点什么表达对先生的纪念，又总担心自己这支拙笔写不出先生的精神风貌于万一。可是，上面这些事情都是我亲身经历过的，我还是如实地记录下来，一可以了却自己的一桩心愿，二希望能和广大爱戴先生的读者共勉。

2008年7月24日夜于京北传薪斋

周振甫（1911—2000，中华书局编审）

大 师 的 侧 影

谦虚谨慎编著等身的周振甫先生

　　来到中华书局工作，才知道许多大名鼎鼎的学者原来就是书局里的编辑，周振甫先生就是其中之一。

　　周先生原名麟瑞，振甫是中华书局的老编辑徐调孚先生的父亲为他取的字，后便以字行。1911年2月，周先生出生于浙江省平湖县一个普通职员家庭，自幼便喜读书。1931年，他考入无锡国学专修学校。次年，经徐调孚先生介绍，赴上海进入开明书店。经过考试，即将陆游《老学庵笔记》加以断句，审核通过后，获准做校对工作。他做的第一件事就是帮助宋云彬先生校对《辞通》。后来从王伯祥先生校对《二十五史补编》时，发现吕调阳《汉书地理志详释》一书中，对水道的许多说法有误，便写了一篇专文将这些错误一一列出并加辨析，深得好评。后该书出版时亦将他的这篇文章作为跋收在了书后。此后他转做编辑工作，负责编校了吕思勉的《中国史》、《先秦史》、《秦汉史》、《隋唐史》及童书业的《春秋史》等书。当时，开明书店要出版一套中学生丛书，周先生自己动手编写了《班超》和《东汉党锢》两书。《班超》全书不过四万字，他为了写好这部小书，竟将一百多万字的《后汉书》通读一遍，可见其用力之勤和著述之严谨了。这也就形成了他后来一贯的工作作风。

1952年10月，开明书店与青年出版社合并，成立了中国青年出版社，周先生即入该社《语文学习》杂志编辑部工作，并以"卞慧"的笔名，在杂志上发表了不少有关修辞和中学语文课文的赏析文章，深受读者好评。

1969年3月，周先生下放干校劳动。1971年借调到中华书局，参加二十四史中《明史》的点校工作。1975年正式调入中华书局。从此，他的学识和才智得到了进一步的发挥。经他编辑加工的主要书稿有《管锥编》、《管锥编补编》、《谈艺录》（增订本）、《楚辞补注》、《乐府诗集》、《庾子山集注》、《李太白全集》、《元稹集》、《唐人绝句选》、《历代诗话》、《历代诗话续编》、《诗林广记》、《酉阳杂俎》、《后村诗话》、《文史通义校注》及钱基博著《中国文学史》等书。主要著述有《毛主席诗词浅释》、《鲁迅诗歌注》、《诗词例话》、《文章例话》、《文字风格例话》、《小说例话》、《谭嗣同文选注》、《文心雕龙注释》、《文心雕龙选译》、《文心雕龙今译》、《周易译注》、《李商隐选集》、《诗文浅释》、《诗文浅说》、《文论散记》、《文哲散记》、《怎样学习古文》及《中国修辞学史》等书。

下面就从几个方面具体介绍这位前辈的一些故事。

文坛佳话：周先生与钱先生的交往

说到周先生和钱锺书先生的交往，那还得从1947年说起。当时钱先生的名著《谈艺录》交由开明书店出版。王伯祥、叶圣陶两先生阅过后便发排了。校样出来后指定由周先生和华元龙两人负责校对。周先生不仅仔细校对，见原书无目录，不便读者检索，遂编了一个目录，请钱先生审定。结果，钱先生直接采用了。这可不是一个普通的目录，对《谈艺录》这样的大作不读懂、不读通，焉能立目。故钱先生在该书序中写道："周君并为标立目次，以便翻检。底下短书，重累良友浪抛心力，尤所感愧。"书出版后，钱先生又在送给他的那本书上题道："校书者非如观世音之具千手千眼不可。此作蒙振甫道兄雠勘，得免于大舛错，拜赐多矣。七月十日翻检一过后，正若干字，申论若干处，未敢谓毫发无憾也。即过录于此册上以贻，振甫匡我之所未逮。幸甚幸甚。"从此，两位先生结下了深厚的友谊。有趣的是，时隔三十七年后，即1984年中华书局出版《谈艺录》增订本时，周先生又做了该书的责任编辑。钱先生特在"引言"中指出："审定全稿者为周君振甫。当时原书付印，君实理董之，余始得与定交。三十五年间，人物浪淘，著述薪积。何意陈编，未遭弃置，切磋拂拭，尤仰故人。诵'卬须我友'之句，欣慨交心矣。"该书出版后，钱先生在送给他的那一本上又题道："此书订正，实出振甫道兄督诱。余敬谢不敏，而君强聒不舍。余戏谓：谚云'烈女怕缠夫'者，非耶？识此以为他日乞分谤之券。"原来该书的增订和出版也与周先生的从旁敦促有一定的关系。

而在此前由中华书局出版的钱先生的皇皇巨著《管锥编》也与周先生有着密不可分的关联。约在1975年，钱先生写出了该书的初稿，拟听听意见后再加修改。钱先生当时就想到了周先生。约好见面后，钱先生即拿出手稿交与周先生，请他带回去看看，提提意见。周先生回去后便对稿中的中文部分进行了仔细认真的研读，并帮助核对了稿中的部分引文。在此基础上，他除了将发现的一些问题直接标示在稿件上以外，又另纸写了一份"补充意见"，并再次为该书编了一个细目。他谦虚地将自己所提的意见称之为"不贤识小"罢了。那么，这"不贤识小"到底是些什么呢？笔者在撰文前曾有幸翻阅过当年周先生对《管锥编》原稿阅后写的一份"意见"，即上面说过的他另纸写的"补充意见"。该"意见"皆为周先生用蝇头小字写于16开稿纸上，竟厚厚成册。上面记下了他在仔细研读书稿后就其中的一些条目提出的一些意见或建议。该"意见"在该书发稿前曾送钱先生本人阅过，钱先生对这些意见十分重视，遂在周先生所提每条意见旁边批上自己的意见。这真是一份十分珍贵的出版史料，拿在手上感到沉甸甸的。下面便披露其中的几则，以见两位大师的睿智和高谊。

对《管锥编》中《周易正义·系辞》"知几"条，周先生写了如下的意见：

几：孔疏："几者离无入有，是有初之微。"入有是已入于有，特是有之微者。有是已成形，有之微者是未成形而微露端倪，易被忽视而还是可见的。注："几者去无入有，理而无形，不可以名寻，不可以形睹者也。唯神也……故能朗然玄照，鉴于未形也。合抱之木，起于微末，吉凶之彰，始于微兆。"这里说几是无形不可见，既是无形而不见未形，那么还是属于无，没有去无入有。既说"去无入有"，又说"无形"不可见，是否矛盾。既然无形不可见，又说"合抱之木起于微末"，木的微末是有而非无,是可见而非不可见。《易》:"几者动之微,吉之先见者也。"
还是可见的。无形不可见之说是否不确。疏:"几,微也,是已动
之微,动谓心动事动。初动之时,其理未著,唯纤维而已。若其已
著之后,则心事显露,不得为几;若未动之前,又寂然顿无,兼亦
不得称几也。"照此说来看引的诗,"'江动将崩未崩石',石之
将崩已著,特尚未崩耳,不得为几也。"将崩未崩,似即"初动之
时,其理未著,唯纤维而已。"诗人从未著的纤维中看到将动,
是否就是几。"盘马弯弓惜不发",虽发之理未著,唯发之纤维而
已,是否就是几。又将动未动与引而不发,与"雪含欲下不下意,
梅作将开未开色",实际相同,一作非几,一作几,不好理解,倘
均作几,就好懂了。

周先生对这一条做了如此缜密而精确的辨析和论述,非有一定
学识不能为也,真不能不令人叹服。钱先生阅了这条意见后在下面批
道:

> 此评《注》、《疏》之矛盾,精密极矣!非谓之"大鸣"不
可。已增入并借大名增重,不敢掠美也。

对于周先生的意见,钱先生不仅十分尊重,而且还直接增入自己的
著述中,并写明为"周君振甫谓韩注多语病"云云。

对《列子·张湛注》中"黄帝"神游条,周先生指出:

> 列子御风,《庄子》列苏三家所说似三种而非一。《庄子》
云:"此虽免乎行,犹有所待者也。"郭象注:"非风则不得行,
斯必有待也,唯无所乘者为无待耳",比无所不乘者低一等。注
称"得风仙之道"。列称:"心凝形释,骨肉都融,不觉形之所
倚,足之所履。"注:"神凝形废,无待于外。"庄以列御寇为有

待，而列以为无待；庄注以列为得风仙之道，而列以彼超于得风仙之道。苏称："子独不见夫众人乎？贫者……为履……屦，富者……为辐……服，因物之自然以致千里，此与吾初无异也，而何谓不同乎？苟非其理，……"苏认为列子御风同乎穿鞋步行乘车行远。而庄则以列得风仙之道可以飞行，不同乎步行及乘车，步行乘车之理不同乎御风之理。如苏说，苟非其理则折趾毁体，以步行乘车之理说御风，即以常人之理看风仙，则被风刮到云霄而入坎井非死亡不止，此苏之所谓理不可通于庄之风仙之理者一。列书中则已由有待而入于无待，"形奚所倚，足奚所履"，不必有所倚所履而无不逍遥，则已超风仙而入至人之域，已非风仙之理所能限，而苏方以之同于穿履乘车之理，此苏说不同于列者二。苏混常人之理与风仙之理与至人之理而同之，此其说或不可通欤？常人之理唯物的，风仙之理与至人之理唯心的，是混唯物与唯心而一之矣。

钱先生看过这一条后，又在旁边批道：

此又公之精思妙解，已又增入"周君振甫曰"一节。

当然，有些意见，钱先生即便不完全同意，也都一一作了具体说明。

如对《毛诗正义·七月》"伤春"诗条，周先生提出：

"春日迟迟，采蘩祁祁，女心伤悲，殆及公子同归。"余冠英先生注："是说怕被公子强迫带回家去。"本书引《笺》："始有与公子同归之志，欲嫁焉。"女与公子地位悬殊，"欲嫁"之说与今日读者之理解抵触，以"伤悲"为"思男"，亦同样抵触。此处是否可先批《传》《笺》之误，然后转入《正义》言时令感人之说亦有可取，与下文相贯。

对于周先生的这一意见，钱先生作了如下说明：

> 此意见前次阅稿时已言之，弟非饰非拒谏也，以余公之解乃"张茂先我所不解"也。"怕被迫……"殆如《三笑》中之王飞虎抢亲耶？诗中无有也。"殆"可通"惮"耶？古之小学经传未见也。"地位悬殊"则不"欲嫁"耶？封建时代女子而得入高门，婢妾而为后妃者，史不绝书，戏曲小说不绝写，至今世乡间女郎欲嫁都市高干者当比之也。郑、孔之注未必当，但谓之不切实际不可也。余解欲抬高劳动妇女，用心甚美，然不啻欲抬高王安石、李贽而称之为"法家"矣。下文又曰："为公子裳"，"为公子裘"，则此女虽"怕"而终"被迫"乎？见曹植《美女篇》便知采桑女郎正亦名贵也。

上举数例只是其中的一小部分，通过这些，我们正可以见出两位大师对于学术研究的一丝不苟。特别是作为责任编辑的周先生，他对于一部书稿，不仅认真仔细阅读，而且帮助作者核对引文资料，将发现的问题和自己的认识无保留地提供给作者，为提高书稿质量尽了力，做出了贡献。这绝不是任何一个责任编辑都能做得到的。无怪乎钱先生指名要让周先生做《管锥编》的责任编辑。这不仅仅是出于友谊，更重要的还是出于了解和信任。钱先生对于周先生所提意见，不仅逐条批阅，酌选入正文，而且还在该书"序言"中写道："命笔之时，数请益于周君振甫，小叩辄发大鸣，实归不负虚往，良朋嘉惠，并志简端。"表现了作者对编辑工作的感激和敬重之情。

更为有趣的是，周先生在编校《管锥编》的同时，正赶上他的旧作《诗词例话》在修订补充当中，他见钱先生稿中有关诗词的论述极为精要，对自己颇有启发，便将这些材料摘录下来补充到自己的书中，并说明：此次修订补充采用了钱先生《管锥编》手稿中的一些内容。之后，他把《诗词例话》增订稿送钱先生指正。钱先生不仅同意他采录自己稿中的内容，而且指出书中"形象思维"一节尚有不足，于是将自己所著《冯注玉谿生诗集诠评》中论《锦瑟》诗未刊稿抄给他，以作为对"形象思维"一节的补充。结果，《诗词例话》面世后，钱先生的《管锥编》尚未刊行。香港一家大学有人看到周著中引用了钱著《管锥编》的内容，即将这些内容一一抄出，在校刊上专文发表。同时，台湾亦翻印了《诗词例话》，并摘印了有关钱文的内容，后又传入美国等地。海内外读者这才了解到钱先生还有这样一部大作即将出版，于是争相传说，企盼早日面世。这也可说是当时文坛中的一段佳话。

周先生与《文心雕龙》

说到《文心雕龙》，可以先读一读周先生自己撰写的《我与〈文心雕龙〉》一文（见《书品》1993年第4期）。早在20世纪40年代，他在开明书店工作时就曾帮助章锡琛先生校对过范文澜先生注的《文心雕龙》。这可以算作是他接触《文心雕龙》之初始。到了60年代初，人民日报社《新闻业务》杂志编辑丛林中先生曾约他选译《文心雕龙》，要求是译文要便于和原文对照，简化注释，译文排在正文下，起到句解作用。在每篇前加一些说明文字。这样，从1961年《新闻业务》第5期上开始发表周先生的译文，直到1963年第8期止。译文发表后在社会上产生不小的影响。人民文学出版社古典文学编辑部约其注释《文心雕龙》，不要译文,但注释要详尽。中华书局文学编辑室则要求他把前面搞的《文心雕龙》选译结集出版。这样,在"文革"前,他就把《文心雕龙注释》和《文心雕龙选译》二书写好交给了两家出版社。后因十年动乱,这两部书一直未能出版。

　　"文革"结束后,周先生又把二稿要回加以修改。1978年4月,他应邀参加了在昆明召开的古典文学理论学会,与四川大学研究《文心雕龙》的著名学者杨明照先生同住一室。当他得知杨先生有一篇补订范文澜先生的文章寄给中华书局《文史》杂志时,便商得杨先生的同意,回京后找来这篇文章补订自己的注释。后来,除把杨先生补订的各条引入自己的注中,并注明为杨注外,还另有补订。如《哀吊》篇:"汝阳王亡。"范注,未知汝阳王为谁。按《太平御览》卷五九六引作"汝阳王",按《后汉书·后纪》:"汝阳长公主,和帝女,名刘广。"可补范注之缺。又《书记》篇:"赵至叙离,乃少年之激切也。"《晋书·赵至传》:"至与(嵇)康兄子蕃友善,及将远适,乃与蕃书叙离,并陈其志。"书见《文选》中《赵景真(至)与嵇茂齐(蕃)书》。按书首称"安曰",明非赵至书。倘为赵至书,则当作"至曰"。唐《六臣注文选》李周翰注:"干宝《晋纪》云:'吕安字仲悌,东平人也。时太祖(司马昭)逐安于远郡,在路作此书与嵇康。'康子绍集云:景真与茂齐书。且《晋纪》国史,实有所凭,绍之家集,未足可据。何者?时绍以太祖恶安之书,又父与康同诛,惧时所疾,故移此书于景真。考其始末,是安所作,故以安为定也。"书中言欲推翻司马氏政权,是吕安与嵇康书,为司马昭所得,因而吕安与嵇康皆为司马昭所杀。嵇康子嵇绍讳言其事,故改称为赵至与嵇康书。刘勰不察,亦误信为赵至与嵇蕃书。此两例杨先生《文心雕龙校注拾遗》中皆未及,可见周先生对《文心雕龙》用力之深。他一方面博采众长，尽量吸收前人的一切研究成果；一方面又认真研究、辨析，发前人之所未发，解决研究中存在的一些实际问题。

1980年和1981年，中华书局和人民文学出版社先后出版了周先生的《文心雕龙选译》和《文心雕龙注释》。但《文心雕龙》这一情结在他的心中仍然未了，因为《文心雕龙选译》只译了全书中的35篇，还有15篇没有译出，且又多是"文体论"的。《文心雕龙》之所以能够建立一个完整的理论体系，正像刘勰在《序志》里批评各家文论的"各照隅隙"，他则要"弥纶群言"。因此，把余下的15篇全部补译出来，对于读者全面把握和认识《文心雕龙》所建立的完整的理论批评体系是十分必要的。于是，他再接再厉，先后补译了这15篇，合为一书，名为《文心雕龙今译》，由中华书局于1986年出版面世。至此，先生心中的这一情结才算有了一个了结。

谦虚谨慎　乐于助人

周先生既是一名资深的老编辑，又是一位著述等身的知名学者，但熟悉先生的人都知道，他从来没有摆过一个大学者的架子，却总是那样谦虚谨慎，乐于助人，和蔼可亲。对于别人求他帮忙的事，他总是认认真真、一丝不苟地尽力帮助。马立诚先生在《周振甫先生逸事》（见1995年1月23日《人民日报》第11版）一文中介绍过这样一件事，在上个世纪70年代初，他和几个好学的青年曾请周先生为他们讲解古文，他不仅答应了，而且一讲就是两年，分文不取，既不允吃饭，也不受任何礼物。周先生就是这样一个人。

我在编《书品》和《传统文化与现代化》杂志的过程中，曾多次请他撰稿，他不仅每次都答应下来，而且还都能按时交稿，因为先生本身就是编辑，他特能体会编辑工作的辛苦，所以你不用催他，他总会按时或提前交稿的。有时其他一些杂志和报社的同志托我代向先生约稿，他也总是一口答应下来，而且也都按时交稿。真不知道他哪来的那么多时间，怎么能做完那么多的事。反正，在我的印象里，他好像从来没有拒绝过谁。

记得是在1988年，周先生所在的文学编辑室中的几位同事颇爱好书法，中间休息时，他们就挥毫写上几笔，遇有写得好的，便自己动手，调好糨糊，托过后便贴在大门的背后，很有文化氛围。有一次，时间已到中午了，我又走进他们的办公室，只见周先生正站在那里为他们写字，等我凑过去时，先生刚好写完最后一幅。他们中有人对我说："你来晚了，刚才周先生为我们每人写了一幅字。"我一边招呼过先生，一边说："这样的好事，你们为什么不早点叫我过来？"我当时真想向先生索字的，但见先生已收拾好提包准备回家了，便不好再开口了。过了一段时间，我把这事也就忘了。有一天的上午，先生忽然来到我的办公室，从书包里拿出一个字轴递给我，说："那天中午没来得及给你写，回到家后我为你写了一幅，并请人为你装裱好了，不知你喜不喜欢。"这真让我太激动了，打开一看，是先生书录的钱先生的一首诗，题名送我。先生真是心细如发，原来他早已看出了我的心思，还装裱好后再送给我，真让我愧不敢当。这就是周先生。

由于周先生名气大，托他办事的人也就多，特别是一些外地人，他们有的是他的老朋友，也有的他并不认识。他们来信托他代购书或代催发书。碰到这样的事，他自己不能来上班时，便会给我写封信并附上来信，让我帮他处理。有时我没能及时回复，他还会再写信或打电话询问结果。周先生对别人托他的事，从来就是这样认认真真、一丝不苟。

但先生对于他自己的事，却从来不愿意开口麻烦别人，即使是他应该得到的。记得先生来中华书局上班，从来都是自己挤公共汽车，中间还要换一次车。中午回家，他又是拎着包悄悄地走出楼门，挤公共汽车回去。有时我和同事在楼内撞见了，才强为他要车将他送回去。其实局领导早就说过，周先生上下班可以派车接送，我们也把这一规定明确地且不止一次地转告给他，但他听过后却是依然故我，好像从未主动要过车。只有一次，先生得了"缠腰龙"，病情较重，当时已是下午了，师母怕耽误了，让他向单位要车去看病，可他就是不肯，非要等到第二天早上由家人陪他自己去。看看时间已到了五点了，先生的病情有所加重，师母一急，自己打电话给总编室，正好我还没走，连忙找了一个司机赶去将他送进医院。医生看过后即让住院治疗，并责怪家人为什么不早点送来。

1983年，中华书局与中国出版工作者协会准备联合召开祝贺周先生从事编辑工作五十周年茶话会，他闻讯后，忙去信婉辞，并在信中举例说，自己早先也想调动工作，联系过几个单位没成，说明五十年中自己并不是安心于编辑工作，因此，不应开会祝贺。及至茶话会如期召开，到会的许多领导和学者纷纷发言，盛赞他在从事编辑工作五十年中，甘为他人作嫁衣，堪称编辑工作者的楷模时，他又站起来纠正道："说我从事编辑工作五十年，这是个虚数。十年动乱中，我在干校放牛，这大概就不能算作编辑工作的。"他的发言引起全场一片笑声。没有办法，他就是这么一个谦虚惯了的人。还是钱锺书先生最了解他，钱先生在会上发言时说："我觉得人受到表扬往往有两种反应，一种是洋洋得意，尾巴翘起；一种是惭愧难言，局促不安。振甫属于后一种。我完全了解他，我知道他听了那么多赞誉之言后一定是局促不安得很。"

　　先生虽然是这样的谦虚，但对于晚辈，哪怕你在工作中只取得了

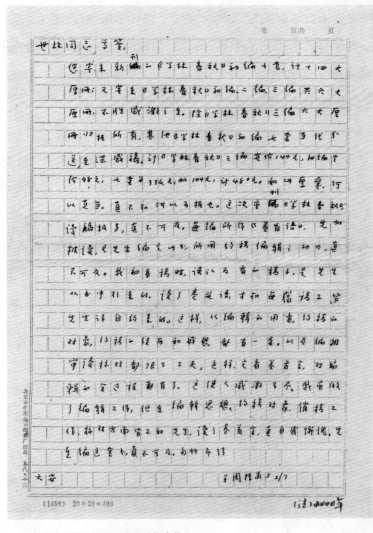

周振甫先生2000年7月2日致作者信

一点点的成绩，他也总是不忘给予热情的鼓励。1999年末，我主编的六卷本《学林春秋》出版后，因为上面收有先生的文章，他嘱我出版后不要稿费，全部折成书寄给他。他收到书后，却给我寄来一封信。他在信中对我编这套书给予了极高的评价，接连用了两个"真不可及"，又在结尾处写道："我虽做了编辑工作，但在编辑思想、约稿对象、催稿工作、校对方面皆不如先生，读了卷首言，真自感惭愧。"他为了表扬和鼓励我，竟说自己不如我，真让我汗颜。但同时，也使我真切地感受到了先生给我的关爱和勉励。因为，先生是我心中的楷模，我们都应该像他那样，做好手中的编辑工作。

如今，先生早已离我们而去了，我却常常在心里怀念他。因为，今天的编辑工作与先生那时相比，确实发生了很大的变化，首先是作者和读者变了，接下去是编辑也变了。可以说，现在不大可能再产生出像钱先生那样的作者了，也不大可能再产生出像周先生那样的编辑了，尽管还需要。我有幸同周先生一起工作过，只想把我了解的写出来，让广大的读者知道曾经有过周先生这样的编辑大家，更想让广大的编辑同人们知道，周先生是我们大家的楷模。

2008年7月31日夜改定

季羡林（1911—2009，北京大学东方语言文学系教授）

大 师 的 侧 影

学识渊博是非分明的季羡林先生

　　我是在1985年初次拜访季先生的，那时我正在中华书局筹备《书品》杂志的创刊工作，当时去拜访先生只有一个目的，就是希望他今后能给这个小杂志多写稿。最初先生并不认识我，但他同中华书局却有着深厚的友谊，所以我后来去向他组稿时，是十分顺利的。在我的记忆里，他好像从来没有拒绝过我，不管是请他写书评还是写笔谈，他都很高兴地答应下来，而且都能按时交稿。这中间你也不用催促他，他说十天交稿，一准会提前一两天就寄给你。这一点，凡是同先生约过稿的人，都会有同样的感受。他写文章不仅快，而且好，往往最能吸引读者，所以，我最爱找他写稿。他也总夸《书品》办得好，给了我很大的鼓励。就这样，一来二去的，我同先生熟识了，总会隔长不短地去看望他老人家，虽然目的始终就是那么一个，但他也真的从未嫌弃过我，不管我是在中华书局，还是调出了中华书局到了其他的出版社，只要我去向他组稿，他都同样的高兴、同样的欢迎、同样的支持。即便是后来他住进了301医院，依然是如此。二十多年中，季先生在工作上给我的帮助和支持真是太多、太大了，他对我是那样的信任，把最新、最好的书稿交我出版，使我产生了强烈的依赖先生的思想，只要我在出版方面有了一点想法，即便还不成熟，也要说给他听，征求他的意见，寻求他的支持。他对我这样的做法，不以为忤，反而诚心实意地帮我出主意、想办法，甚至带头撰稿。

主编《学林春秋》和《学林往事》

1997年我在国家古籍整理出版规划小组办公室工作时，痛感当时一些前辈著名学者的先后离世，带走了他们一生积累的宝贵的治学经验，于是萌生了"抢救"的想法，趁一批老先生还在，赶快请他们把自己一生治学的经验记录下来，以备后人承传。根据这一想法，我开列了一张"抢救的名单"，首先跑去征求季先生的意见。他听了我的介绍后，对这一想法极表赞成，认为这是一件刻不容缓的大事，鼓励我一定要做好。我说那还是请您带头写吧。他爽快地答应了，说："我就写《我与东方文化研究》吧。对了，你那名单上有张政烺先生吗？"

我回答道："有。"

"你要多催他，一定要让他写。不能没有他。另外，有没有林志纯先生？"我说："没有，我不认识他，不知道怎样联系他。"

"我有他的地址，我写给你，你直接同他联系，就说是我介绍的。"

就这样，在他的带动和指导下，我以极大的热情和最快的速度，编好了40位老先生的总结治学经验的文章，并定名为《学林春秋》，于

季羡林先生与作者合影

1998年由中华书局出版。后又扩编为初、二、三编，共收录了128位老先生的文章，交由朝华出版社于1999年出版。

　　在主编《学林春秋》的过程中，因文章中涉及到了许多重要人物和事件，但限于体例，未能展开，颇觉可惜，于是又萌生了再编一套图书，专门记述学界中已故老一辈重要学人和事件的想法。为此，我先后征求了许多老先生的意见，这其中当然就包括季先生。他说："这个想法同样好。老一辈的学人我们这一代人还接触过，还可以写。下面的人因为没有直接接触过，当然就写不了了。说到老一辈的学人，我看不能没有胡适，因为他的影响很大。"

　　我赶紧说："我今天来也是想问问您，到底谁写胡适好？"

　　先生认真地想了想，说："其实最合适的人选是邓恭三先生，他做过胡的秘书,可惜他走了。何兹全先生同胡比较熟,你可以请他写。"

我忙说:"何先生我找过了,他说他前些时候刚刚写过一篇介绍胡适的长文,所以,不能再写了。"

"这么说来,现在,环顾宇内,真正同胡接触过的怕只有我了。他1946年回北大做校长,我在北大做东语系主任,跟他有三年的接触。这样吧,这篇文章还是由我来写吧!"

于是,过了一段时间后,我拿到了先生寄给我的文章——《胡适——毕竟一书生》。

在先生等人的帮助和支持下,三卷本的《学林往事》于2000年正式出版。

主编"名家心语"丛书

2000年我调入了新世界出版社。由于此前我一直忙于编辑出版带有"抢救"性质的《学林春秋》与《学林往事》这两部成于众多学者之手的大书,现在进入了一个新的出版环境,虽然"抢救"的理念还扎根于我的头脑之中,但我想将过去那种一篇一篇组织文章,然后再编辑成书的做法,换成直接组织一本一本的书出版。我把这一想法同当时的总编辑周奎杰先生谈了,她十分赞成,问我有没有合适的作者,我自然又想到了季先生。于是,我们俩一起去拜访了他老人家。他听了我们的想法后,居然也十分赞成,并答应将2000年全年所写的文章,除了《龟兹焉耆佛教史》一文外,交由我们编辑出版。那时候希望能给先生出书的出版社多着呢,可他还是先满足了我们的要求。为了不辜负先生的美意，也为了向先生的九十华诞献礼，几经努力，我们以最快的速度和较好的质量将他的这部自选集《千禧文存》出版了。先生拿到这部书后很高兴，认为是出得又快又好。我们则从这部书的顺利出版得到了两点启示：既然季先生的这第一本书一炮打响，我们干脆多组织一些老先生的书稿，陆续推出。既然是陆续推出，不如编一套丛书，即以先生的《千禧文存》为滥觞，将老先生们的书稿都放到其中，这样影响会大些。带着这一想法，我先后拜访了张岱年、侯仁之、周一良、何兹全、任继愈、金开诚等老先生，在征得他们的同意和支持后，最终确定采用"名家心语"丛书的名字。做好了这些工作后，我又去看望了季先生，把上面这些情况一一汇报，并提出希望他老人家能为这套丛书写一篇总序。他为自己能带这样一个好头，让老朋友们都积极出书而感到特别

季羡林先生书房的灯光

的高兴，当然也就爽快地答应写序了。我又趁机提出，希望他能继续将2001年所写的文章结集由我们出版。先生也答应了。其后他为丛书写的总序交来了，第一辑、第二辑丛书十部陆续出版了。接着他将2001年所写的文章结集为《新纪元文存》交给了我，于2002年6月顺利出版了。从这以后，先生允诺后面的文集都交我出版。但自2001年的下半年开始，先生的身体出现了一些问题，此后陆陆续续住了好几次医院，影响了先生的正常写作。但他仍然按照先前的允诺，在2003年将此前撰写的文章结集交我出版。我将这些文章编好排印出来后，发现薄了些，先生说等我再写一些文章补进去后再出版。可谁知，此后他的病情加重了，又住进了301医院，一直没能出院。出书一事就这样搁置下来了，但由此也就引出了下面的故事。

"君子一诺"

先生虽然人住进了医院，身体有这样或那样的毛病，但脑子却还是难得糊涂，一辈子舞笔弄墨惯了，即便在医院里，除了接受医生的治疗外，还是坚持笔耕不辍。这样，一直到了2006年的10月，先生将先前那部分文章加上新写的一共九十多篇结为一集，定名为《病榻杂记》，准备出版。此时，我因工作需要，已调至香港的一家出版社工作。而内地关心、惦记出版先生书稿的人真是太多了，这其中不仅有大社、名社，而且还都开出了特别优惠的条件，据报纸披露，竟有近五十家出版社在竞争这部书稿。面对这样一种状况，加之我又远在香港，特别是考虑到我也不可能给先生提供什么优惠的条件，我的心里真的没了底。

作者去301医院看望季羡林先生

当然，即便如此，我也不愿放弃。我从香港给先生的助手李老师打电话了解情况，结果却让我异常感动。她告诉我，先生对所有前来求稿的人说："谢谢你们的好意！我已经答应张世林了。君子一诺！"就这样，我不仅拿到了这部大作，而且先生还把简体字和繁体字两种版权同时授权给了我。这就是季先生！他把友情和诺言看得比什么都重！我从这件事情更加感受到了先生品格的伟大！先生是在教我们学做人啊！为了不辜负先生的厚爱，我只用了两个多月的时间，就先后出版了繁、简两种文本。当我把样书送到他老人家的面前时，他拿起书仔细地看过后，高兴地对我说："书出得是又快又好，交给你我就放心了。"听到先生这样的评价，真是比得到什么奖励都值得。一高兴我问道："您说的'君子一诺'，是管一时还是管一世？"他肯定地说："管一世。"我认为先生对我的帮助和教育确实让我受用终生。

　　其实，不仅仅是在组稿和出版中得到先生的帮助和教育，在平时听他老人家闲谈中更能感受到他的爱憎、睿智、思想和气度。

关于艺术与政治的关系问题

　　1996年4月19日早上八点多钟，我因事去拜访先生，谈完了事后，先生同我闲聊。他说："最近社会上有一种言论，说以国学对抗马列主义云云。说这话的人正是那些脑筋还停留在'文革'期间、虽然还享有特权、但已不能再画圈圈的那些人。这些人代表了一派政治势力，他们表面上是在维护马列主义，实际上是反对改革开放，因为改革开放，人们的思想活跃起来了，坚持用实事求是的观点看待问题，例如艺术与政治的关系问题。固然艺术与政治是很难分开的，任何文艺作品都要反映社会现实，但艺术不等于政治。对于一部文艺作品来说，艺术性应当是第一位的，片面强调政治性第一，艺术便不能很好地发展。在前不久举行的庆祝《历史研究》创刊四十周年的会上，有位领导同志参加了，他在会上只是念了一位同志化名发表的一篇文章，这篇文章的大意是强调突出政治那一类的，这位领导实际上是支持或赞许这一观点的。我则提出文艺作品应当坚持艺术性第一的原则，因为真正能够流传下来的艺术作品，首先是艺术上所具有的深深的感染力打动了不同时代的不同读者。如若只有政治性而没有艺术性，这些作品是不能流传下来的。'中华人民共和国万岁！'这句话只有政治性而没有艺术性，所以不能作为艺术来看。因此，我认为我们国家有很多东西应当重写，如我们的文学史、历史和哲学史等等。当然了，我的这些主张不能为那些长期吃政治饭的极左思想很强的人所能容，但改革开放是一个大趋势，不是几个人的力量所能扭转的。其实，真正的马克思主义正是在吸收了人类创造的优秀文明的基础上才发展起来的啊！"

关于蔡元培及其他

季先生常常会提到一些前辈学者，他说过："在北大的历任校长中，我最佩服的就是蔡元培先生。是他提出了'兼容并包'的办学思想，把各种人才聘请到北大来任教，梁漱溟和陈独秀都是他聘来的。也是他，第一个在北大招收女生。他为北大的发展做出了不可磨灭的贡献。在学者中我最佩服的是陈寅恪先生，他提出的'独立之精神，自由之思想'，在那个时代可以说无人能做到，但陈先生做到了。我入清华大学后，也曾选修过两位老师的课，一是陈先生开的佛教方面的课，使我受益终生啊！说到陈先生，我至今还有一个疑问，那就是1946年我回国后，是他把我介绍给北大的。按说他那时在清华任教，我也是清华毕业的，他为什么不介绍我去清华而介绍去北大呢？也许因为他在清华，不便介绍我去？也许因为他跟胡适和傅斯年是好朋友？总之，我一直没弄清楚。二是选了朱光潜先生开的美学方面的课。那时朱先生刚从国外留学回来不久，在清华主讲西方美学，很吸引人，我一直听他的课。后来院系调整，朱先生来到北大担任西语系主任，我那时恰在北大东语系任主任，我们两个系在一个楼同一层办公。只要朱先生讲课，我能腾得出时间，就一定上楼去听他的课。"

　　我说："听王尧先生讲，您同他的老师于道泉先生也很熟。"

　　说到于先生，季先生又接着说下去："于先生是个天才，他早年接待过印度来华访问的大学者泰戈尔，他为泰做翻译，深得泰的赏识。于是，泰提出要于随他回印度去参与创办国际大学，并说已就这一想法正式向中国政府提出合作请求。当时，于已考取了赴美留学生，但他接受了泰的邀请，决定不去美国留学了。他的这一决定令老父亲无法接受，遂宣布不认他这个儿子，亦不让他回家。而当时的国民政府对泰戈尔提出的共同创办国际大学的建议并不重视，致使这一想法无法实现。结果害了于道泉，他既未能去美国留学，又没能随泰戈尔赴印度办学，而是去雍和宫当了喇嘛，学习藏传佛教，当时人称'于喇嘛'。说于

在季羡林先生家中（中为李玉洁老师，左为作者）

先生是个天才,是说他的头脑里有许多天才的想法,只是他自己无法管住头脑里的这些想法,任由它们东冒一下,西冒一下。其实,要是能够管住这些想法,他会取得很大的成就的。他早年曾投身革命,后来却立志向学,在佛学研究等领域造诣颇深。汤用彤先生曾代表北大聘请他来教授佛学。后来我作为东语系主任亦曾给他发过聘书,聘他为东语系教授,讲授佛学。他也是山东人,我们是老乡。"

"大事糊涂,小事精明"

有一次,先生同我讲:"中国人不但是健忘的,而且是'大事糊涂,小事精明'。"我听后忙问:"这话怎么讲?我们古人不是常说'吕端每临大事不糊涂'吗?"先生说:"现在已经没有几个像吕端那样的人了。'文化大革命'结束已经三十多年了,我们并没有认真吸取这一惨痛的教训。如今很多年轻人根本就不知道'文革'是怎么一回事。这么快就淡忘了,这怎么行呢?应该给这些年轻人补上这一课。我们中华民族经历过的苦难太多了,'文革'把我们的国家几乎都给毁了,这还不值得牢牢记取吗?现在很多人对这些大事是糊里糊涂,但一遇到自己利益方面的小事却十分精明,这样下去怎么行啊!"

九十多岁的老人,住在医院里,想的却是国家的大事、民族的大事。这就是先生的情怀。

关于"皇帝"

有一次谈天,话题一下子扯到了"皇帝",我说:"您写的那篇《皇帝——代序》的文章很好,您对后人一致称颂的唐代名君李世民有不同的看法,指出了他的许多昏庸无道之处,令人猛醒。"先生说:"在我国封建社会中,并没有什么好皇帝,即便有那么几个,也只能是相对而言。我有一首诗很能说明这个问题:'朝代纷纷排成行,开国明君皆流氓。如果有人不相信,请看刘邦朱元璋。'"我听后说:"您这首诗说到了问题的点子上,但会不会打击面过宽了呢?""我也想过这个问题,但我提不出反证来。谁能用具体例子来反驳我呢?比如说项羽吧,之所以没有成功当上皇帝,其中一个原因就是他不够流氓,而他的对手刘邦则是一个十足的流氓。项羽抓去他的父亲要烹了,他却说我的父亲就是你的父亲,要烹只管烹,别忘了送我一杯羹。再说说李世民吧。他为了夺取皇位,不惜弑父杀兄,最后因追求长生不死,吃道士炼的丹而中毒身亡。这不是流氓行为是什么?我写这首诗的真正目的是,希望今后年轻人学习历史时,千万不要一上来就被什么太祖、太宗、高祖的'丰功伟绩'给迷惑住,以为他们是什么大英雄,了不起的大人物,而看不到他们卑劣的一面。因为这样的事情过去就一直在发生着。我就是想提醒人们注意这一点。"

可见先生读史并不迷信历史,而是认真分析历史,结合中国封建社会的实际情况,提出自己的看法。重在提醒人们特别是年轻人要学会分析的方法。

关于"天人合一"的深层思考

对于中国古人提出的"天人合一"这一重要的哲学命题,先生早在1993年就曾撰写过《"天人合一"新解》一文,在《传统文化与现代化》1993年第1期上发表。这篇文章发表后,在当时就引起过很大的影响,并为此开展过专题讨论。在那篇文章中先生就提出了人与自然和谐相处的思想。实际上,自那以后,先生对这一问题一直在进行不断的新的思考。今年六月我去医院看望他老人家时,他又同我谈起了这个问题。他说:"世界上的文化从大的方面讲只有两类:一是东方文化,一是西方文化。东方文化主张'天人合一',西方文化主张征服自然。人们向自然界索取的东西是越来越多,永不满足。自达尔文提出'物竞天择,适者生存'的进化论主张以来,虽然有过很积极的作用,但我以为,时至今日,对此不应过分提倡。因为自然界中的每一种事物都有其生存的道理,不应该通过人为的力量来加速某种事物的消亡。就如同在这个地球上生活的每一个民族一样,尽管他们的文化、信仰和生活习惯并不相同,但不能因此就剥夺了弱小民族的生存权力。同样,人只能同自然界交朋友,绝不能采用征服的办法。中国虽然有'天人合一'的思想,但长期以来,我们却背离了这一思想,过分地强调'与天斗',特别是毛泽东提出'大跃进'的口号以后,全国各地开展大炼钢铁的运动,结果一方面是乱砍滥伐了大批的森林,造成了严重的水土流失和森林的大量消亡;另一方面是把老百姓家中的锅和铲子等有用的东西收走,炼出了一块一块无用的铁疙瘩,不仅劳民伤财,还破坏了自然。还是恩格斯的那句话:'其实,大自然对人类的每一次错误都给予了报复。'只不过这种报复有时候不是立竿见影，而是经过了一段时间以后才发生罢了。所以，我还是强调要实现三个和谐，即：人与自然的和谐；人与人之间的和谐；人与内心的和谐。只有搞好了这三个和谐，才能真正实现整个社会的和谐。"看得出，先生在对"天人合一"这一命题进行更深一层的思考，希望它能对整个人类社会和谐发展有所贡献。

2008年12月21日夜写于京北传薪斋

何兹全（1911年生，北京师范大学历史系教授）

大 师 的 侧 影

没有批判过老师的何兹全先生

　　我是什么时候和何先生认识的，现在已经说不清楚了，不过，我第一次拜访他时，去的就是他现在住的北师大的小红楼，好像何先生的头发白得比较早，所以，他给我的第一个印象就是满头白发，却精神矍铄。一望可知，他老人家的身体非常好。其实，这应该归功于何师母照顾得好。师母是一个特别热情、爽快的人，我每次去，她都拿我当孩子对待，又是拿饮料，又是拿糖果，而且还非吃不可。何先生还会在旁边帮着说："你快吃吧，不然，她会不高兴的。"我记忆中，每次去看望他们，都是在这样愉快、轻松的氛围里度过的。

　　其实，我每次去拜访他们，都是有目的的，就是为了约稿。最初是为了《书品》和《传统文化与现代化》杂志约稿，后来是为了《学林春秋》约稿，再后来又是为了"名家心语"丛书约稿。他们面对我这样的贪得无厌，还是很配合的，不仅自己写，还介绍他们的朋友和学生为我写。如《学林春秋》二编出版后，何先生便对我说："这一编里有几个人你漏掉了，应设法补上，如郭预衡、刘家和、王桧林等。"经他这么一指点,我赶紧同这几位联系,总算做了补救,将他们的文章发表于《家学与师承》(见广西师大出版社2007年版)中了。

在和他们二老的交往过程中,听到他们讲述了许多过去发生的人和事,我想择要加以介绍,以便读者了解。

"文革"中的小插曲

1997年的12月16日的上午,我和中华书局的老编辑谢方去看望何先生,师母热情地把我们让进书房,一边给我们拿橘子,一边说何先生一大早趁人少去校医院看病了,一会儿就回来。话音刚落,他便由外面回来了。见到我们,他很高兴,对谢方说好久没有见面了。说完,两人便回忆起60年代发生的往事。何先生说:"我是50年代初由美国回到大陆的。1966年'文革'爆发后,我便被揪出来靠边站了。到了第二年,有一天我校的革命群众组织'井冈山战斗队'的负责人突然把我叫去说:最近还有任务要交给你去做。当时我心里还挺纳闷,到底要交给我什么任务呢?原来是叫我去中华书局参加二十四史的点校工作。我一听,心里很高兴,认为总算可以躲过学校里的运动了。其实呢,我只去了半年多,就被揪回学校参加运动了。记得有一次召开批判齐燕铭的大会,我们都去了。陪斗的有金灿然,当时金走路已经很不方便了,开斗争大会时,他是被人架到杌子上站着的。等批斗大会一结束,造反派便把齐燕铭给押了下去,没人顾得上金灿然了。金便在那里大叫:'等一等,还有我呢。'因为金自己下不来杌子。我看着,心里真不是滋味。"

我一定要做完的三件事

2003年的夏天，我去看望何先生时，他已经是九十二岁的高龄了。他们老两口看上去还是那么的健康和乐观。我问何老最近在忙些什么，他说："近来明显感觉老了，写作的效率很低了。答应写的《中国古代社会》到现在只写出了四分之一，好多事情都记不住了，查找资料也有一定的困难，确实是精力已明显感觉不行了。不过我有三件事是一定要做完的，这三件事：一是写一篇文章介绍傅斯年先生的学术成就。他是我的恩师，有恩于我，我须知恩图报。这件事已经完成了。二是给我的另一位恩师陶希圣也写一篇文章介绍他的学术成就。他是北大的教授，曾主编过《食货》杂志，写过许多有关经济方面的文章。他这个人比较复杂，主要是因为他曾积极追随过汪精卫，很得汪的赏识和重用，但在汪和日本签订卖国协议时，他幡然醒悟，拒绝签字，回到了重庆。他这个人学问还是很好的，在指导我从事中国古代经济史研究方面帮助很大。三是给我的堂兄何思源编一部传记。我这堂兄对我帮助很大，他不仅出钱供我上学，还供我留洋，亲哥们又能怎样呢？我也要为他编一本书。这三个人都有恩于我，我要知恩图报。"

由此，我们可以看到他们那一代人把情谊看得是多么的重要啊！

关于傅斯年和史语所

"我的堂兄何思源和傅斯年是好朋友，我考北大时，傅是北大的教授，堂兄嘱我到北京后，应该去拜访傅，并说在必要时可以请他做我的担保人。我记得是在一天的晚上去看望傅先生的,他见到我很热情,说有困难可以找他。大学毕业后,我投奔史语所,当时他是所长,他收留了我。那时史语所在李庄,一共有二十几个人,设四个组:历史组、语言组、考古组、民族组。凡进史语所的人都是傅亲自挑选的,他本人学问很好,又很有眼光,所以,经过史语所的培养,这些人后来都成了著名的专家学者。傅那时对所里的人都非常好,我们都被称为是他的亲兵。他一生兼过好多职,但只有史语所所长一职,是由他创办之初一直到他去世,自始至终是他一个人担任的。可见他对该所的重视,也可以说他为史语所的发展倾注了毕生的心血。"

由蔡元培想到的

有一次何先生对我讲:"对五四运动影响最大的除胡适、陈独秀、李大钊外,还应有蔡元培,因为是他提出了'兼容并包'的治校思想,从而为北大爆发五四运动奠定了基础。因为蔡入主北大时,北大还是以保守思想为主的,而蔡本人是主张新思想的。他提出'兼容并包'的治校思想,实际上就是为新思想在北大的存在和发展创造条件。到了30年代,北大出了一大批人才,文理两科都有。后来就培养不出这么多的人才了。为什么会这样呢?主要是看思想自不自由。没有学术思想的自由,是不可能出人才的。"

何先生这一代人最大的特点就是爱国,虽然已是九十多岁的老人了,但仍然关心国家的大事。要不然,他们怎么会放弃国外优越的生活环境而毅然回国呢。

我和陈独秀

何先生告诉我，他目前正在写回忆录，第一篇文章就是《我和陈独秀》。"陈已算是古人了，目前在这个世界上，和他直接接触过的，怕没有几个人了，我可能是唯一和他接触过的人了。那是在抗战爆发之后，国民党释放了所有的政治犯，陈出来后就在武汉，我那时也在武汉，正在负责编一本杂志，约陈独秀先生为我们写文章，他不仅答应了，后来还都写了。为此，我除了和他见过好几次面以外，他还给我写过好几封信。其中一封写道：'我让（张）国焘给你送去的稿子，他没给你送去吗？'这些信其实都是很重要的历史史料，我本来保存得好好的，但回国后，迫于当时国内的政治形势，陈独秀和张国焘早就遭到了批判，我不敢保存这些信件，所以都烧了。"

胡适是如何看待国内批判的

上个世纪50年代初，即新中国成立后不久，国内曾开展了批判胡适的运动，那时候，胡适远在美国，何先生和王毓铨先生也在美国。虽然中美之间相去甚远，但批判胡适的文章远在大洋彼岸的他们还是能够听到和看到的。当时写文章的主要是文化界和知识界的一些人，特别是同胡有过接触的人。他们大多迫于当时的环境和压力，写了揭发和批判胡的文章，目的只是为了求得自保。但也有一些人的文章不是这样，而是真的在对胡进行揭露和批判。何先生说："有一天，王毓铨去看望胡先生，说到国内正在开展的批判运动。胡先生说：'国内这些人写的文章，其实不是真的在批判我，是不得已而为之，这一点我心里是清楚的。陈垣是我的老朋友，一定是共产党让他写文章批判我，他才不得不写的。'王毓铨告诉他：'兹全认为陈是真的会写的。'胡先生听后停顿了一会儿，然后严肃地说：'兹全说的是对的。'"

讲完了这件往事后，何先生又郑重地对我说："回国后，我从来没有批判过陈独秀、胡适、傅斯年和钱穆，连陶希圣我都没有批判过，因为他们都是我的老师，我算是混过来了。对此，我可以说是心安了。"

学界中的逸闻轶事

在我同他们二老谈天当中，他们常常会说起学界中的一些逸闻轶事。有一次，我们谈到了张政烺先生。何先生说："张先生的学问是最好的，他肚子里有好多东西还没有写出来呢，你可以让他写，不过他这个人惜墨如金。几年前，我见到他时，便对他不客气地说：你不务正业。他听后便说：'我错了。我知道我错了。'从这以后，他只要一见到我，就会抢先说：'我知道你要说我什么，我就写，我就写。'其实，在我们这些人中，他的学问是最好的。"说到这里，师母接过去说："张先生确实是个大好人，但他不会买东西。有一次，我们一起去外地开会，他托我一件事，让我帮着给他老伴挑一件衣服，说以前他自己也买过，但拿回去老伴总不满意。我便帮他选了一件，结果，他说老伴这次很满意。"接着师母又说："前些天我看见启功先生由他的内侄推出来晒太阳，我就过去说：'大兄弟，你真应该多出来活动活动。'老启却说：'我怎么成了你的大兄弟了呢？（启先生比何先生小一岁）论岁数我比你大，你应该是我的大妹子啊。''大妹子在你们满族可地位就高了，就是姑奶奶了，你更得听我的了。'见我这么一说，他不言语了。"

师母说这话时，一副得胜的样子，当时我猜想，她年轻时一定是争强好胜的人。及至后来读了她写的《犁妮的童年》等书，才发现果然不错，她年轻时吃了许多苦，但也自幼养成了吃苦耐劳、争强好胜的性格。你只有和她接触了，你才会发现她又是一个多么善良、可敬的老人。

何兹全、郭良玉夫妇与作者合影

　　2006年，我因工作需要临时调到了香港，一去两年多，这期间我不能像以前那样去看望他们二老。2008年回到北京后，我又去拜访他们，这才知道，师母已经走了，只剩下何先生一人。虽然，他见到我还是像从前那样高兴，非要请我到学校的餐厅吃饭。但我感到他的房间里空空荡荡、冷冷清清的，再也没有以前师母在时的那份温馨和欢快了。为了不让老人伤心，我只好强作欢颜。已经98岁高龄的何先生，需要有多么大的勇气来面对这样的生活啊！因为他还有一些事没有做完，还有没有毕业的博士生需要他的指导呢。我只有在心底里衷心祝愿他老人家健康、长寿！

2008年12月28日深夜写毕

侯仁之（1911年生，北京大学历史地理研究中心教授）

大 师 的 侧 影

我为侯仁之先生出书

　　侯仁之先生素为我所敬仰。1997年，为了纪念《传统文化与现代化》创刊五周年，我曾致函先生，希望他能给题个词，当然还不忘向他约稿。过了一段时间，竟接到了先生的回信。他一方面婉拒了我请他题

侯仁之先生与作者合影

词的要求,可另一方面又答应撰稿。这个结果还是令我比较高兴的。

1997年,我为了编《学林春秋》,又给先生写信,希望他能写一篇《我和中国历史地理学》。但这一次他没有答应,因为那一时期他身体不好,住进了医院。对于这件事,我一直是耿耿于怀,总觉得这部书里不能没有他老人家,一定要找机会把先生补进去。

2001年,为了庆祝先生的九十华诞,我专门去北大燕南园拜访他老人家,希望他能编一部自选集,收入"名家心语"丛书中,争取年内出

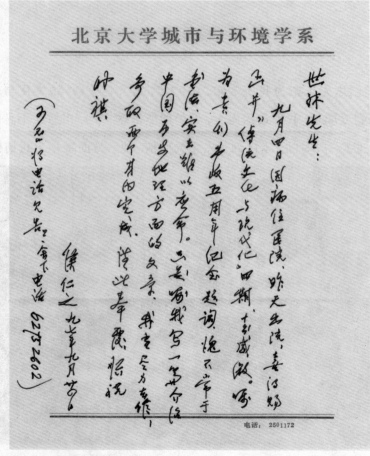

侯仁之先生1997年9月24日致作者信

版。这一次，他虽然答应了，却说要好好考虑一下，到底应该收入哪些文章。在接下来的闲谈中，他向我讲述了当年在兴建西客站之时，为了保住莲花池这一十分重要的北京历史地理原貌，他建议市政府将西客站地址稍稍北移，让出莲花池旧址，同时加以修复，将其开辟为莲花池公园。市政府对他的建议极为重视，请他就这一问题为市里的有关领导做了一次专题讲座。之后，认真采纳了他的建议。这才有了我们今天看到的莲花池公园。我听了以后，认为这些内容既精彩又重要，完全应该收入书中。因为先生对于北京的历史地理做过深入的调查和研究，发表过许多重要的文章和看法，因此，他决定把这方面的内容作为自选集中的主要内容。这样，过了一段时间以后，他便把自选集编好，并命名为《晚晴集》。这时离年底已经没有几个月的时间了。为了赶在学校为先生召开九十岁生日庆祝会之前出版，我克服了方方面面的困难，加班加点做好编辑工作，经常为了书稿和校样中的一些问题，或打电话，或直接赶到先生的家中，当面请教。最后当我们于2001年11月26日把先生订的500本书送到府上时，他高兴地说："你们送来得太及时了，下星期一（12月3日）就要给我开生日庆祝会了，没想到你们提前把书送来了，很感谢啊！"坐下来后，先生又说："你看你给周一良先生赶出的《郊叟曝言》多及时啊。周先生生前看到了这书多高兴啊。他买了很多本寄送给老朋友，其中就有我。我和他是生前最好的朋友，还有季羡林，我们三个是患难之交啊。'文革'中我们三个都被关进了牛棚。本来我准备搬到蓝旗营新楼房里去，分给我的房子是在三楼，一层是周一良，对门是老朋友金克木。结果金先走了，现在周又走了。我本想搬过去看望他们，现在还有什么搬家的必要啊！"说这话时，他的脸上流露出无限的感伤。

隔了一会儿，他又问我："你最近去看过王世襄吗？"我忙答："去看过。""我们是燕京大学的老同学。他这个人很有意思，每天上学的时候，身边总有一条大黄狗跟着他，是一条名狗。冬天的时候，他的棉袄里面揣着蝈蝈罐。我还看到过他放鹰。他有很多绝学。不过，他曾经答应过给我一条狗。你下次见到他，就对他说，你还欠侯仁之一样东西呢。"

我见到王先生时，便把侯先生的话学给他听。他听后说："我知道欠他一条狗，可真给他，他又不敢要。"你看，他们这对老朋友多有意思。

我心里面一直惦记着的还是侯先生的那篇《我和中国历史地理学》，所以一有机会，我就要同他旧话重提。有一次，先生对我说："我知道你的心意，但我仔细考虑过这件事了，要想写好这篇文章，必须要查大量的资料，可依我目前的状况，是做不了这件事了，只有一个人能帮我做，那就是我的女儿，可她又在美国。不过她明年五月要回来探亲，到时候我让她帮我，也许会写出这一篇的。请你再等一等吧。"见先生都这么说了，我也就只好耐心等待了。

说这话时是在2005年的10月，可到了2006年的4月初，我却被紧急调到香港去了，直到今年5月才回来。回来后听说侯先生的身体一直不好，我也未敢前去打扰，文章的事怕是不能再提了，只能衷心地祝愿先生能早日康复。

2008年11月21日夜写于京北传薪斋

胡厚宣（1911—1995，中国社会科学院历史研究所研究员）

大 师 的 侧 影

虚怀若谷和蔼可亲的胡厚宣先生

听到胡先生去世的消息，我颇感吃惊。一个星期前，胡先生的儿子胡振宇兄来看我，我问到先生的情况，他告诉我："已经出院了，情况基本稳定了。"我听后心里暗暗地为先生过了这一关而庆幸。谁知，几天以后，他老人家竟因心脏病猝发而溘然长逝了。闻之令人心悲。

记得最初还是在张政烺先生家，先生的老伴告诉我说胡先生住院了。回来后，我便和刘宗汉兄赶往协和医院探望。当时正值年底，天气很冷。我们赶到医院后，一打听，方知因病床紧张，先生又不能住进高干病房，只能被安排在楼道里医治。我们在乱哄哄的楼道里找了一会儿，才看到了先生。楼道里虽有暖气，但因人员来来往往，大门无法关上，还是很冷的。当时他的情况刚刚有所好转，当他看到我们时，便伸出了手。我连忙握住他的手，祝愿他老人家早日恢复健康。他表示谢意，并对我说："你的手好凉啊！"这是我最后一次见到先生，听到先生对我讲的最后一句话。

胡先生与中华书局

我已经记不起来是怎么同先生认识的了，但可以肯定是在1986年的夏天，当时我正受命负责编辑《回忆中华书局》（下编）。该书是为了庆祝中华书局成立七十五周年而编的，要求在1987年3月举行庆祝大会前出版，时间相当紧迫。撰稿人请的多是与中华书局有着长期密切联系的专家学者，这当中自然就有胡先生。于是，我便登门造访，请先生撰稿。他听说是为庆祝中华书局成立七十五周年而撰，当即答应下来，并颇动感情地说："中华书局要迎来七十五岁的生日了，我们这些人都是随着书局一起长大的。从上小学时起就开始读中华出版的书，长大后我买了《古今图书集成》和二十四史，你看，我至今还把它们带在身边，时时翻阅呢。"说完，他转过身去，指着靠墙放着的那一排木匣子，"这些书当时都是配好书匣子一起卖的。"说完这些后，先生又接着说："后来我负责编辑《甲骨文合集》，由1956年开始筹备，到1983年全部由中华书局出版，前后历经二十七八年的时间，与书局里的一些人建立了深厚的友谊，如金灿然、赵守俨、姚绍华、华昌泗等先生。许多往事就像昨天才发生过似的。如今要庆祝中华书局成立七十五周年，屈指算来，我同中华的交往也有六十多个年头了，我要写一篇介绍的文章。"我见先生答应写稿了，便起身告辞。他非常客气，非要坚持把我送到大门外。我都下楼了，抬头望时，他还站在那里，微微欠一下身子，和我道别。其后，我每次拜访先生后同他告别，他都是这样，送我到大门外，看着我下楼。这情景给我留下了深刻的印象。

过了一段时间，他把写好的文章交给我，题目是《回忆我同中华书局的关系》，通过对一些事件的回忆，生动、简明地介绍了他同中华的一些重要交往。

从这以后，我同先生的接触便多了起来。他对中华书局新创办的《书品》杂志颇为赏识，我是该杂志的责任编辑，他每次见到我总会对我说，读了上面的哪一篇文章，写得如何好。我便约请先生为这本小刊物撰稿，同时特别提出，因为您是研究甲骨文的专家，又是《甲骨文合集》这部皇皇巨著的主编，希望您能多介绍一下这部大书。于是，他先后为我们写来了《从〈殷墟卜辞〉到〈甲骨文合集〉》（《书品》1987年第1期）和《深切怀念尊敬的郭沫若同志——兼忆郭老对〈甲骨文合集〉出版的关怀和领导》（《书品》1993年第3期）两篇文章，生动、具体地介绍了这部大书出版过程中的一些难忘的人和事，并公正、客观地评价了该书出版的价值和作用。从而，对我们出好杂志、搞好书评工作给予了极大的帮助。

介绍我同缪钺先生相识

说到帮助，我想起了同缪钺先生的相识（缪先生已于1995年年初去世）。缪先生在学术界可谓是声名卓著，素为我所仰慕，却因其远在四川大学任教，一直无缘结识。一天，我又去看望胡先生，听说他刚从四川大学参加毕业论文答辩回来，我便问道："您认识川大历史系教授缪钺先生吗？"

他答道："缪先生是我在保定读中学时的国文老师，我们一直保持联系。我刚刚从他那里回来，就是他邀我去参加他的学生毕业论文答辩的。"

　　我听了真是喜出望外，忙说："我一直想和他老人家认识，好请他为《书品》撰稿，却苦于无人引见。"

　　先生听后，便一口应承下来："这事好办，我写封信把你介绍给他，并请他今后为《书品》撰稿。"

　　"那我就先谢谢您了。"

　　过了也就是半个月吧，我便接到了缪先生的来信。从此，我便与缪先生联系上了，不断有书信往还，并成了"忘年交"。这应当感谢胡先生，他就是这样，毫无架子，乐于助人。

称赞学生裘锡圭

　　接触过先生的人，都会感受到他是那样的虚怀若谷、奖掖后学。这方面给我印象最深的是，他曾不止一次地称赞他的学生裘锡圭。裘先生给《书品》写的文章，胡先生读过后，只要见到我，总要说："裘锡圭的文章写得好啊！"

　　我听后说："他不是您的研究生吗？"

　　"他是我的学生，但是，'青出于蓝而胜于蓝'，他在古文字研究方面比我强。"每当他说这话时，脸上总会浮现出真挚、满意的神情。接下去，他还会告诉我："锡圭每年的大年初一，都要来家看我，给我拜年。而且是年年如此，风雪无阻。"说这话时，先生往往会眯起眼睛，头往后仰。看得出，他是多么的高兴和欣慰。他们师生的情谊是多么的深厚啊！

最后一篇文章——《我与甲骨文》

《书品》创刊后，我们曾先后组织和刊出了杨伯峻先生的《我和〈左传〉》、陆宗达先生的《我与〈说文〉》、周祖谟先生的《我和〈广韵〉》、王锺翰先生的《我和〈清史列传〉》等文，因为是大专家对治学经验和甘苦体会的直接表述，所以深受读者欢迎。一些读者来信希望我们能继续刊登这一类的文章。我马上想到了胡先生，他是我国治甲骨文的大家，应该请他写一篇《我与甲骨文》的文章，把他自己一生研治甲骨文的经验和体会披露出来，读者一定会更为欢迎的。我把这一想法直接反映给了先生，他听后很感兴趣，表示一定要写好这篇文章。我知道他手头的工作比较忙，要是不经常催着点儿，怕是不行。于是我便隔上一段时间，就去看望他老人家一次。先生知道我去的目的，先头告诉我，他要查找很多材料，毕竟是要做一次全面的回顾呀；中间又告

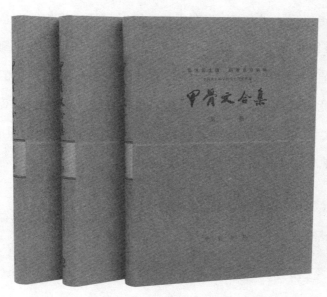

《甲骨文合集》书影，中华书局1979～1983年出版（共十三册）

诉我已经写了一部分了；其后又说已写了一半了。隔了一段时间再见到先生时，他颇为高兴地说已写完一多半了。就在这时，我调到国家古籍整理出版规划小组办公室去参与创办《传统文化与现代化》了，工作头绪较多，未能像往常那样去看望先生，但我心里仍然惦记着那篇文章，便抽空给先生打了个电话。记得他在和我的最后一次通话中说："已经基本写完了，就差结尾了。"没想到，这之后先生竟撒手人圜了。这不能不令人感到万分的遗憾。但同样万分庆幸的是，先生这篇总结自己在甲骨文领域里的研究心得、体会的大作，毕竟大体由他亲手撰成。这也是他老人家留给我们后人和广大读者的一份宝贵的文化遗产。后来这篇大作由他的儿子胡振宇在他的书桌上找到了，果然只差结尾了。于是，振宇兄和我商量后，为该文加了一个结尾，先在《书品》发表，后又收入由我主编的《学林春秋》一书中（中华书局1998年12月出版）。

先生走得确实很匆忙，我有很长一段时间都不能相信这是真的，因为，我每次见到先生，都感觉到他老人家的身体是那样的硬朗，腰板总是直直的，而且红光满面。我一直认为先生还能做很多的事情，没想到他竟这样就走了。每当我想念先生的时候，就会拿出《我与甲骨文》这篇文章读一读，先生的音容笑貌就会重新浮现在我的眼前，我仿佛看到了他老人家伏身桌前写作时认真的样子。

2008年8月24日夜改写于京北传薪斋

张政烺（1912—2005，中国社会科学院历史研究所研究员）

大 师 的 侧 影

学识渊博诲人不倦的张政烺先生

在学术界中，张政烺先生的知名度是非常高的。特别是在老先生当中，他们经常会提到他，几乎一致认为，他书读得最多，学识最为渊博，文章最有新意，是当之无愧的国学大师。我有幸同张先生相识，并多次拜访过他。下面便将我所了解的有关先生的一些事迹披露如下：

负责点校《金史》

原中华书局副总编辑赵守俨先生，有一次曾同我谈起张先生点校《金史》的往事。当时赵先生实际负责组织整理"二十四史"的具体工作。他说本来这项工作最初都已经是安排好了的，即哪一史由哪位老先生负责整理是定下来的。但"文化大革命"运动开始后，把这些工作全给打乱了，一些承担了项目的老先生受迫害故去了。70年代初，周总理指示"二十四史"的整理出版工作要继续搞下去，于是又聘请了几位老先生接替在运动中被迫害致死的那几位先生的工作，这其中就有张政烺先生。当时具体需要接替整理的有《隋书》、《辽史》和《金史》等。赵先生考虑到这几史的情况不太一样，特别是《金史》流传下来的资料很少，不易整理。于是便先去征求张先生的意见，意即由他先挑选一种。结果他却说，我不先挑，别人选剩下没人整理的，就交我整理好了。就这样，《金史》没人选，最后由他负责整理。赵先生说："《金史》经张先生等整理出版后，一直到现在，学术界对此没有提出过什么不同的意见。所以，我最佩服张政烺先生。"

当我把这一段讲给张先生听后，他说："是有这么回事。本来《金史》是由傅乐焕先生负责整理的。还有《辽史》原由冯家昇先生负责整理，《隋书》是由汪绍楹先生负责整理。'文革'中这几位先生故去了，便让我参加整理工作。赵守俨先生出于好意，征求我的意见，让我先挑，我没那么办，最后承担了没人挑选的《金史》。赵守俨死得很可惜，他的年龄还不算大啊。他家学渊源，是清人赵尔丰之后，又是余嘉锡的学生。余当时开家馆教学，赵守俨便上他家去求学。"张先生谈起这些往事真是如数家珍，我也开了眼界，了解了他整理《金史》的这一段小插曲。

招进了一个好学生

已故的袁行云先生是我中学的老师，他于1979年考入中国社会科学院历史研究所，当时的主考官正是张先生。袁先生与启功先生关系密切，他知道启先生与张先生是多年的老朋友，便托启先生问问张先生大概都考些什么,好做些准备。张先生的回答是不用做什么准备,不会考太难的,只是当场拿出一部古书让他标点其中的一章,若能标点好,说明有一定的基本功,别的就不用考了。后来袁先生去应考时,张先生果然拿出一部古书让他当场标点,并就该书提了一些问题。袁先生功底扎实,顺利通过了考试,成了张先生的一位得意门生。后来袁先生曾对我说,他十分钦佩张先生的学问,每次去历史所,必到张先生府上讨教。

张先生回忆起这一段时曾对我说:"我一向认为,只有能真正读懂古书,才能进行研究,所以那一次我只考了他这方面的知识。具体考他的是哪部书? 我现在记不起来了。但他的学术功底还不错,考得也不错,我比较满意。"师母在旁接道:"记得他那天主考回来后说:'这么多年没有招进这么好的学生了,基本功不错。'要知道,他好像从来没有这样夸奖过人。从那以后,袁先生确是常来拜访他,每次都向他请教一些学术上的问题。"

"袁行云的那部《清人诗集叙录》出来了吗? "张先生问道。

"已经由文化艺术出版社出版了,精装,厚厚的三大册。"

"他搞得很不错,在这方面他下了很大的功夫。他也是家学渊源,是袁励准之后。只可惜,他死得太早了。"张先生为他招进的这位好学生过早地逝去而深感惋惜。记得那年在八宝山举行的"向袁行云同志遗体告别"活动时,张先生和启先生都亲自参加了。

乐于助人　诲人不倦

有一天下午，我又去看望张先生，去得早了一点，先生正在午睡，师母把我让进客厅。我坐下后发现，茶几上、书桌上、沙发的扶手上到处堆放着书，有些开本大小不同的书还被用布或绳子包捆在一起。师母说："这两天张先生在整理图书，结果是屋子越整越乱。"

"为什么这些书不放到书架上，却要包捆成这样一捆一捆的呢？"

"他平常读书时总要把感兴趣的相关的图书资料都搜集到一起，准备写些文章。怕散失，便用布或绳子包捆在一起。"

"啊！有这么多要写的题目啊。眼下有没有写好的现成的稿子呢？我一直希望能在《传统文化与现代化》杂志上发表先生的文章呢。"

"我可以问问他，你的事，我会在旁边催他的。别看他想写的题目不少，但多半都没有写成。"

"这是什么原因呢？"我忍不住问道。

"我给你讲一件事情吧。尹达先生还健在的时候，有一天的下午，他突然来到我家。我开门见是他，便说张先生到所里开会去了，你是所长，你应该知道的啊。"

尹说："我是专门来找你的，你应该设法劝劝张先生，不要家里来什么人他都接待；更不要人家一向他请教问题，他就把自己多年准备的资料甚至连同文章的题目全部都送给人家。张先生搜集到这些资料也是非常不容易的。再说，同样的资料，不同的人研究后写出来的文章水平和影响也是大不一样的啊！当然了，对于前来求教的人，我们应该提供帮助，但一要看对方的情况，是不是有一定的基础；二要看自己的

工作中的张政烺先生

情况，不能占去太多的时间，影响了自己的研究和写作。有些老先生就很会安排时间：什么时候读书，什么时候写作，什么时候休息，雷打不动。我看张先生也该向他们学习学习。"

"尹达先生完全是一片好心，这我当然看得很清楚。张先生回来后，我便把这些建议对他讲了。你猜他听后怎么说？"

"张先生是怎么说的？"

"他问我：'你说目前我们国家搞学术研究的人是多还是少？'我只好答：'当然是少了。''那你希望是人多好呢还是少好？''当然希望是人越多越好。''那为什么求学的人来找我，你却劝我不见他们呢？人家来求教，我把所知道的告诉给他，把一些有关的资料提供给他，希望他们能深入研究，写出有价值的好文章，这有什么不好呢？有的人来请教，你给他讲了，他懂了，坚定了研究的志向，可能会影响到他的一生。相反，人家求教，你不见或不提供帮助，他可能今后不再研究了。那样一来，研究学问的人不就越来越少了吗？'经他这么一说，我哪还能替他拦人呢。再说，他一向就是一个老好人，真拿他没办法。"

写到这里，我又想起俞筱尧先生同我谈起的一件往事，也是张先生帮助指导后学的事例。还是在上个世纪70年代中期，俞先生当时在文物出版社做编辑。一次，他收到外地的一位从事文物工作的同志寄来的一篇文章，内容是关于"金代官印"研究的。由于论述的问题较为冷僻，社内又没有研究这方面的专家，无法判断这篇文章的价值。请谁帮助审读这篇稿子呢？俞先生想到只有请教张先生了。张先生拿到稿子后，不仅认真阅读了全文，而且还亲自钻进图书馆，翻检了很多书籍，然后在这篇稿子的旁边贴上许多纸条，上面注明这一段需补充什么新的史料，参见什么书籍。作者在收到他阅改过的稿件后，很快便根据他的指导，查阅了相关的图书，补充了大量新的有价值的史料。经过这样一番修改和补充，这篇文章由最初的一万多字变成了十几万字，最后作者是以一部专著出版的。

类似这样的事例肯定还有好多，我们从中看到的是：张先生不仅学问好，人品更好！他学识渊博，乐于助人，诲人不倦。虽然，这势必要影响他自己的研究和写作，但他最愿意看到的是从事学术研究的人能越来越多，经他指点的人能有所作为，有所发展。这就是张先生的情怀！

对于古籍今注今译的批评

说张先生是老好人,大多数情况是这样,但也有例外。因为他是一个严肃、认真的学者,对文化上存在的一些不负责的现象,他不仅看不惯,而且还要提出批评。他对上个世纪90年代出现的古籍今注今译热的现象十分不满,于是特撰写了《关于古籍今注今译》一文交我发表在《传统文化与现代化》1995年第4期上。他在交给我这篇文章时对我说:"我本不想写这样的文章,我也不搞今译,不必去发表意见。但看到今译今注中存在这么多严重的问题,我不能不谈点自己的看法了。"下面就是他的一些主要观点:

先说今译,其实是费力不讨好的事。我看到的今译,实在找不到叫人满意的。且不说古今文章的文法不同,常常只译出每个词义而译不出意境;退一步说,有些古籍很难完全读懂,如《资治通鉴》有的段落我至今尚不能确切弄懂。《通鉴》文笔条达,尚且如此,何况诘屈难读或涉及典章制度、名物服器的文集、笔记。不能确实理解的文章如何能译?勉强译出,大有不负责之嫌,对于读者就会造成误导。我的观点可能有点偏颇,但古籍今译的局限和缺点是不应讳言的。

再说今注,难免令人有参差不齐之感。差的今注,有的只是旧注的转述,旧注没有涉及的,该注的也不注,新在哪里,不得而知。更有甚者,旧注里注得好的、辞书里讲明白了的,也不看、不查,只是随文敷衍,以致闹出笑话。

张先生的这些话,说得还是比较客气的,实际情况要比这严重得多。我们真应该认真总结一下了,每一次的所谓文化热,是对文化的宣传和普及呢? 还是对文化的歪曲和破坏呢?

他对编纂《中国古籍总目提要》一事也表示了自己的看法, 他认为此事不好搞, 非要搞,《四库总目提要》已收的就不要再搞了; 没收的搞起来也不是那么容易。一部书部头很大, 一篇提要却字数有限, 要想把该书介绍周全, 诚非易事。而且现在能写出像样提要的人不多了。搞不好, 会闹出笑话的。

从这两件事中, 我们可以看到张先生是一位严肃、认真的学者, 特别是对于学问上的事, 他不会隐瞒自己的观点。

接待李慎之

李慎之先生当时是中国社会科学院的副院长, 与张先生同住一楼, 可以说既是同事, 又是邻居。但两个人并不太熟。据师母说, 早起来在院子里散步, 两人有时碰了面, 李先生总要向张先生问候, 张先生也只是还礼, 过后还要小声问: 这人是谁? 李先生是副院长, 但张先生平时只去所里, 而从不去院里。不过, 师母和李先生还比较熟些。"他老伴和我还是校友。"听师母这么一说, 我便告诉她, 我前些天去看望李先生时, 他同我说道他非常敬佩张先生的学问, 他有件事情要求教张先生, 过两天准备登门拜访。师母说欢迎他来。

过了些日子, 我又去看望张先生, 师母告诉我,"你上次走后的第二天, 李先生就来家看望张先生了。此前他没来过我家, 所以一进门见到张先生后, 便赶忙自报家门, 说我叫李慎之。我们两人便将他让进客厅。坐下后, 李先生便同张先生聊起来了, 从对传统文化的看法到个人的一些经历。只是李先生讲得多，我从旁偶尔接几句，张先生则只是听，他耳朵不好，还往李先生身边挪了挪椅子，听得很认真。这时又有人来访，一看是找我的，我便让张先生陪李先生，自己和客人去了另一间房子。我只听到那边客厅里李先生一个人的谈话声。等我送走客人后，李先生才拿出一张宣纸，说是想请张先生给他写一幅字。我答应后接过了纸。送走了李先生后，张先生问我：'刚才同我聊天的那位是谁

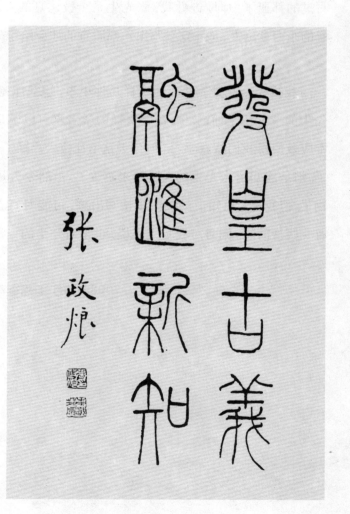

张政烺先生手迹

啊？你的客人你不陪，丢下又去陪别人。我只好多陪他坐会儿了。'"师母对我说，你瞧，张先生就是这么一个人。

自李先生走后，张先生还真的为他写了好几次。师母说她在隔壁听到张先生揉搓纸的声音，进去一看，原来是在给李先生写字，但总嫌手抖，字不成样。师母捡起来展开一看，认为还可以，便劝他挑一张算了。但他坚决不同意，说这怎么能拿得出手呢。说完，亲手把地上那些写过的都撕了。师母告诉我，张先生是个极认真的人，从不把自己不满意的东西拿出去。他一定要写出一幅满意的才会给李先生的。

我拉拉杂杂地写了上面这样几件小事，也只能是简略地介绍了张先生的一些皮毛而已。张先生这样的学者真可以说是不世出的人物，本应该值得我们认真学习。但今天这个社会太浮躁了，不要说认真学习了，怕是连知道张先生的人也越来越少了。虽然今天是出不了这样的人物了，但我把自己知道的这些事情写出来，可能对有心了解的人还是会有一些帮助的。同时对我本人来说，也是对先生的一种回忆和纪念。

2008年10月6日深夜写于京北传薪斋

史念海（1912—2001，陕西师范大学历史地理研究所教授）

大 师 的 侧 影

只见过一次面的史念海先生

史念海先生是我国著名的历史地理学家，生前长期执教于陕西师范大学历史地理研究所。作为一名编辑，我曾有幸多次向他老人家组稿、催稿，只不过这些工作多是通过电话和信函完成的，我没有去过陕西，未能当面向他组稿。说到电话里催稿，史老有一次在电话中对我说："我有的时候，最怕听到你的电话。只要你一打来电话，肯定就是催我交稿子。不过，要没有你总催我，还真写不出这些文章来。所以，今后还真欢迎你多催着我点啊！"他老人家就是这样理解和支持我的工作的。虽然我和史老不断有电话和书信往还，但却一直无缘谋面。一直到了1998年的12月17日，他来北京开会，在头一天的下午，他让他的女儿给我打电话，告诉我他第二天没有什么活动安排，很想到古籍小组办公室来看望傅璇琮先生和我。我赶紧把这件事向傅先生做了汇报，他听后指示我第二天上午负责去宾馆接史老来小组。

17日上午九点，我依约准时来到了史老下榻的北太平庄远望楼宾馆。一想到马上就可以见到先生了，我的脚步就快了起来。赶到房间时，门开着，原来他们父女俩正坐在屋里等我呢。史老看上去身子骨挺硬朗，精神也很好，就是头发全灰白了。他见我进来了，便客气地迎上来，拉住我的手，坚持要我先坐下。这怎么行呢？我一定要他老人家先坐下，他也是不肯。最后没办法，只好一起坐到沙发上。他一边微笑地看着我，一边说道："平时总是在电话里听到你的声音，今天见了面，你还很年轻嘛。"

"也不年轻了。今天看到您身体这么好，说话声音这么洪亮，我真高兴。只是一想到平时在电话中总催您，我还真有点过意不去呢。"

"哪的话呢。我不是说过欢迎你多催我吗。这次开会我见到何兹全先生时，我俩还谈到你催稿子一事，何先生说他也有同感。过去杜甫说过，文章是'穷而后工'，我现在将它改为是'逼而后成'，不逼是写不出来的。所以你要多逼我们啊！"接着史老又给我讲了一个故事："过去白寿彝先生约我写稿子，等了一段时间，见我不交稿也不回信，便打上一封电报，上面只有六个字：何时交稿盼复。我接到后也不回。后来他知道我有电话了，便不再打电报而改为打电话催我了。这下我不得不回答他了。"

看得出先生还真没烦我，于是职业病作祟，我便抓紧时间又当面催问起文章来："我前几天曾给您去过一封信，想请您再写一篇介绍顾颉刚先生如何治学的文章，因为现在同顾老在禹贡学会一起工作过的人大都已不在了，只有您知道那一段历史了。我想把这些老先生的业绩好好总结介绍一下，让年轻的学人也能有所了解，否则以后想找人写都难了。目前我已经组织了几十篇文章，尚缺介绍顾老的文章。没办法，只好又逼您了。"

史老听后却说："这确实是一件很值得做的事。对过去一百年中的重要学人和他们的业绩是应该认真总结一下了。关于顾先生，他很博学，我无法全面介绍他。而在禹贡学会的那一段经历，眼下只有我来写了。不过你得多催我啊！”

这之后，我还真没少催过他。他老人家倒也是“言必信，行必果”，过了些日子便给我寄来了一篇一万几千言的长文——《顾颉刚创立禹贡学会及其以后的二三事》（《学林往事》上册，朝华出版社，2000年出版）。在文中，史先生以真实、生动、具体的事例，详细记述了顾老在上个世纪30年代为推动中国学术研究，特别是中国历史地理研究和反对日本帝国主义侵略中国，做了大量的卓有成效的工作。可以说，史先生的文章为我们了解顾老和他那个时代的学术研究状况及国家和民族的命运提供了极大的帮助。所以，没有史先生等一批老先生的热情鼓励和积极支持，这样的书是根本出不来的。而这些珍贵的人文史料也将埋没不彰了。

史先生是我国历史地理学界的权威，与谭其骧先生和侯仁之先生并称为该学科的三根台柱子。他老人家在这个领域里的造诣可谓深矣。他认为中国历史地理学是一门有用于世的学科，他曾为该学科拟定过这样的定义：“中国历史地理学是探讨中国历史时期各种地理现象及其和人们的生产劳动、社会活动的相互影响，并进而探索这样的演变和影响的规律，使其有利于人们的利用自然和改造自然的科学。”（见史念海著《中国历史地理纲要》上册第一章《绪论》，山西人民出版社，1991年版）为此，他老人家曾多次亲临黄土高原进行实地勘察，从而得出结论，认为造成黄土高原水土大量流失的原因，除了长期的滥砍乱伐，毁掉了大片的森林外，开荒造田、破坏植被也是一个重要的原因。其恶果不仅使黄土高原本身遭到了严重的破坏，而冲入黄河中的泥沙又使河水浑浊不堪，最后造成黄河下游的河床越堆越高，变成了"悬河"。一入汛期，便泛滥成灾。下游各地只能采取加高堤坝的办法。他认为这样做只是治标，而根本的办法还是治本——恢复黄土高原的森林面积，退耕还草，加大植被，从而保持住水土不再流失，这样才能从根本上解决黄河浑浊和下游的水患。

先生由黄河又谈到了长江。他说："黄河的水是黄的，长江的水也是黄的。有一次在陕西召开有关问题的研讨会，我特意请了负责治理黄河和长江的水利资源委员会的同志参加。在会上有专家提出，再不治理，长江就会变成和黄河一样浑浊。对此，长江办的同志不同意，认为不会变成那样的。怎么不会呢？现在明明已经浑浊不堪了。记得是在四几年，全国还没解放的时候，我当时正在武汉，是夏天，天气挺热的。一天，有几个同事提出去江里游泳，我出生在黄土高原，不会游。到了江边，他们几个人脱了衣服跳进江里游起来，游了很远。我一直站在岸上，到现在还记得，我能清清楚楚地看清他们几人在水里的身子。那时长江的水就是那么清啊！五十年后的今天，长江的水已经变成什么样了，怎么还说不可能呢？再不认真从根上治理，后患无穷啊！"

由黄河和长江，先生又谈到了城市建筑与绿地的问题。"我这次来到北京，看到有许多高楼，但却看不到四周留有多大的绿地。由此我想起了唐代的建筑。那个时候的城市建设是很注意建筑与绿地的配套设施的。"

我听到这里，忙说："您谈的这个问题很重要，很有现实意义，可否请您写一篇这方面的文章，由《传统文化与现代化》杂志发表？他老人家欣然同意。其实有很多选题并不是编辑事先都想好了再去找作者落实的，有时恰恰是在同作者闲谈中受到启发而临时组织的。我有许多选题都是这样得到的。

其实，不管是对黄河、长江，还是对城市建设提出的意见，事实都已证明，史老是对的，是有远见的。我们今天所采取的治理和改善的种

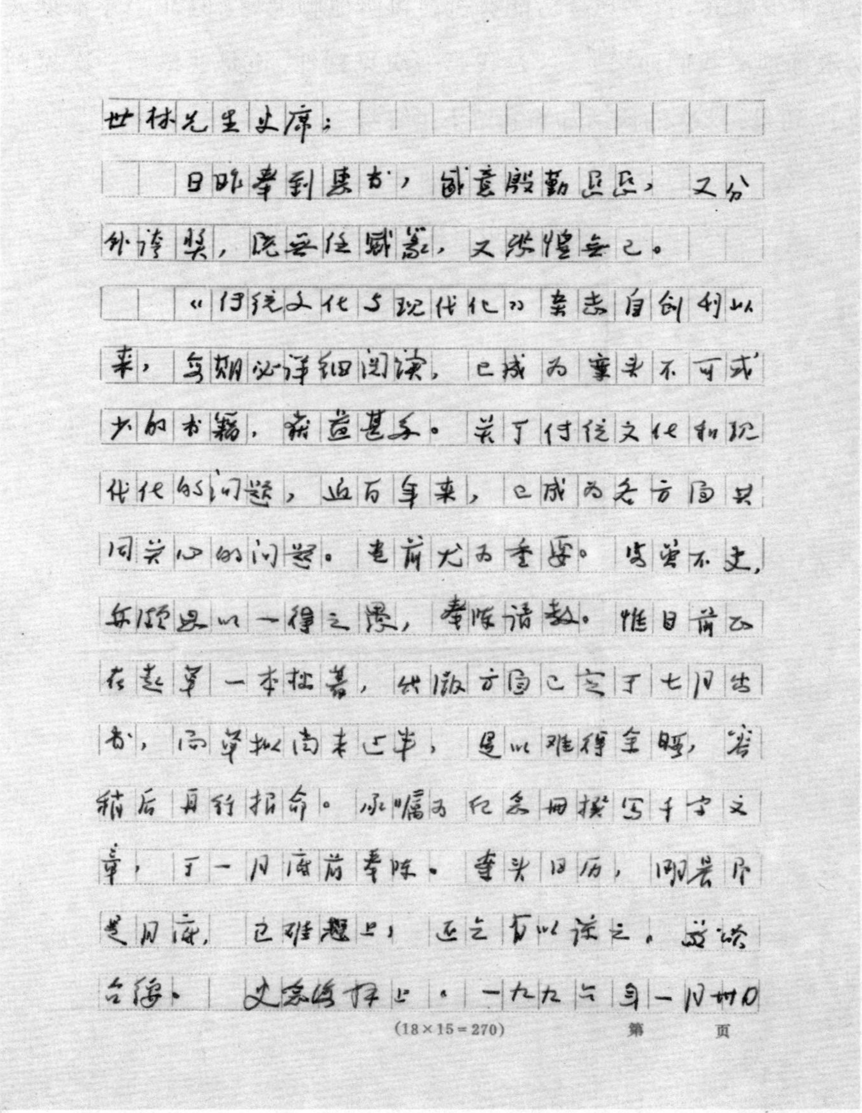

世林先生史席：

　　日昨奉到惠书，感意殷勤区区，又分外奖饰，既丕任愧，又深惶无已。

　　"传统文化与现代化"丛书自创刊以来，每期必详细阅读，已成为案头不可或少的书籍，裨益甚多。关于传统文化和现代化的问题，近百年来，已成为东方周边共同关心的问题。当前尤为重要。资质不夫，乐愿以一得之愚，奉陈语教。惟目前正在赶草一本拙著，代做方面已定了七月出书，同学拟尚未上半，是以难得全暇，省稍后再行指命。承嘱为贵册撰写千字文章，于一月底前奉陈。屈指日历，两者所需同前，已难顾上，远之有以谅之。敬颂台绥。

　　　文涛顿首上　一九九六年一月卅日

史念海先生1996年1月30日致作者信

种措施，正是吸纳了他老人家的意见的。遗憾的是，他不能亲眼看到这些地方已经发生的变化了。

那一天的上午，我和史老谈了很多，坐车的一路上还在谈，真让我长了不少见识。我多想今后能有机会再听他聊天啊！但2001年他老人家永远地离我们而去了。这是我第一次见到他，也是我最后一次见到他了。可是，这次的谈话却给我留下了终身难忘的印象。

2003年6月21日夜初稿，2008年8月29日夜改稿

启功 (1912—2005 , 北京师范大学中文系教授)

大 师 的 侧 影

启功先生二三事

"投笔从戎"

时间大概是上个世纪90年代初，有一天中午，当时已是11点多了，总编辑李侃忽然找到我说："你现在就去启先生那里一趟，请他赶快再写一个书签，下午等着发厂用呢。"说完，李先生拿出一张书签，是启先生题写的，可能当时没说清楚，漏了"近代"这关键的两个字。我急忙带上书签奔往北师大。到了先生的家，已是12点多了。刚要举手敲门，忽见门上的小玻璃窗内贴着先生写的一张字条："大熊猫病了，谢绝参观！"可我有领导交办的紧急公务，不能不进。于是，硬着头皮敲了门。出来开门的是他的外甥女，说："你没看到门上贴的字条吗？先生病了，不能会客。"我被挡在了门外，只好大声说："我是中华书局的，有急事找先生。"这时，只听屋里的启先生说："是中华书局来的，快请进来。"这样我才进了门。

原来先生确实病了，此时正直直地躺在一张硬板床上，而且没有枕头。他见我来了，非要坐起来。我问："您这是怎么了？"

"颈椎病犯了，老毛病了。医生叫我这么躺着。"边说着，边下了地。"你这大中午的找我有什么事，说吧。"我见先生这个样子，脖子直挺挺的，真有点说不出口。"有什么事就快说，不然，你不会这个时间来。"我只好把来意说了。先生听后看了眼书签笑了，"确实漏了两个字。李侃让我写时是说过'中国近代史'这几个字，现在成了'中国史'了，这好办，我给加上就是了。上午给人家写字，正好还剩了点墨，不用也就干了。""可您这脖子能行吗？""能行。只要胳膊、手没病就行。"说着，他老人家便找出一张窄窄的宣纸条，放在桌上，提起笔一笔一划地写了起来。一边写还一边说："还是重写一张好，补写的字行气别扭。"很快，字就写好了。先生说："先放在这里干一干，我给你讲一个故事。你知道我'投笔从戎'的事吗？"

"您不是一直在学校教书吗？没听说您参过军啊。"

"那是在1971年的冬天，我那时正在学校接受监督劳动，具体的活儿就是扫地。有一天，我正在扫地，忽然学校的军代表派人把我找了去。一进门就问我：'你就是启功？'我忙认认真真地回答：'我是启功。'军代表用很怪的眼神把我又从头到脚地打量了一番，然后才郑重地宣布道：'接上级电话通知，你从即日起就算正式入伍了。'我听完后，真是丈二和尚，摸不着头脑。我当时真怀疑我的耳朵出了问题，一个被监督改造的老右，一下子就参了军，成了人上人？这变化也太大了吧。何况我已是一个快60岁的老头了，也拿不动枪啊！一定是搞错了。想到这儿，我便壮着胆问了一句：'是不是搞错人了？'军代表听后，不耐烦地说：'这学校里不就你一个人叫启功吗？'我说：'是啊！''那还会搞错吗？你赶快收拾一下，下午就去报到！'我一听，也有点儿着急了，心想这是要被充军了，起码也得问明白发配到哪去了啊。'那到哪儿去报到啊？'军代表说：'电话里只说调你去24师工作，你就去师部报到吧。''那师部在哪儿啊？总得有个地址？''好像说是在王府井大街36号，我当了这么多年的兵，还真不知道那里有支24师。'我一听这地址，乐了，那儿不是中华书局吗。原来是调我去参加二十四史的点校工作，其实是参加点校《清史稿》的工作。可军代表竟听成是24师了，差点让我这快60岁的老头临时去当兵。就这样，我当天下午赶紧就到中华书局去报到了。"启先生说这番话时样子可滑稽了，逗得我几次笑出声来。此情此景至今还常常生动地浮现在我的眼前。

先生说完了这些话，才拿起写好的书签递给我，说："完全干了，你可以拿回去交差了。"我心想：真没白来，既完成了任务，又亲耳聆听了先生讲的这么精彩的故事。

只管写 不管讲

启先生是著名的书法家，又是中国书法家协会的主席，所以，慕名求字者可谓多矣。先生家的门槛是早已被踢破了，这一点，只要是去过他家的人都知道，即使是你提前和他约好的也没有用，他那里常常是宾客盈门。有一次，赵守俨先生让我去给他老人家送点东西，此前，赵先生跟我说过："你不是想得到启先生的一幅字吗？我不便跟他说，只能给你创造一些机会。"这就是赵先生给我创造的一次机会。"我已同启先生联系好了，他说在家等你，你赶紧去吧。"我谢过赵先生，便拿上东西直奔启先生家去了。可到了他家一敲门，给我开门的是一位陌生人，先生在屋子中间喊道："你先找个地方坐一下，等我忙完了再同你说话。"我一看，屋子里全是人，根本没地方坐。还有好几个人正把先生围在中间，原来，先生正在给他们写字呢。我只好站在一旁观看。只见他写了一张又一张，一口气写了四张，四拨人拿着先生的墨宝高高兴兴地走了。这时候屋子里除了我还有一个老太太和一个年轻的女孩。那老太太走近前说："启先生，我是您的老学生了，我孙女快结婚了，想请您给写幅字。"

先生抬头看了看老太太，说："您的年龄跟我差不多，我能教过您吗？"

"我是在辅仁读书时听过您的课。"

"既然如此，我就给您写吧。"说完，先生只好又拿过一张纸来，一笔一划地写了两句诗。写完后，先生直起腰来，喘了一口气。

这时，那老太太说："您这写的是什么内容啊，能不能给我们讲讲？"

听了这话，先生平静地说："我是只管写，不管讲。再说了，你不是我的老学生吗？"老太太只好拿上字走了。这时，先生才又招呼我说："他们总算都走了，该说说咱俩的事了。"我看他老人家已经很累了，忙拿出带来的东西交给他，"这是赵先生托我带给您的东西。我没有别的事，您还是休息一下吧。"就这样，我告辞出来了。

还有一次，我和许逸民先生去看望他，虽然也是几天前就约好的，但屋里也有别的客人。就在我们和先生谈事的中间，电话不断。听得出来，大多是请他题字的，他都一一婉辞，弄得我们的谈话时断时续。他说："没办法，只要在家，就天天如此。"正说着，电话又响了。他只好又接了起来，听得出，刚才这人打过。"我不是告诉您我这里有客人，不能写吗。什么，就写一个店名，叫什么发廊？是哪个'廊'字啊？要是豺狼虎豹的'狼'，我害怕，我可以写。要是其他的'廊'，不会咬人，我就不写了。"他在说这些话的时候，我们在旁边直乐，但也看得出他的无奈。

生气和发脾气

跟先生接触过的人，大概很少有人见到过他生气和发脾气，我在一次会上却亲眼看到他老人家生气和发脾气。那是在1996年的年底，地点是在国务院第一招待所，在这里由国家文物鉴定委员会召开了一个有许多重要媒体参加的文物鉴定会，与会的都是这方面的专家、学者。我负责接张政烺先生到会。那天，我把张先生提前接到了会上，有关人员把张先生请到主席台上就坐。会议开始前，启先生到了，因为他是国家文物鉴定委员会的主任，所以，主持人赶紧上前迎接。启先生当时身穿着大棉衣，一进门就满脸的不高兴。主持人过来后请他脱去大衣到主席台上就坐，他却发起脾气来，大声说："我干吗要脱去大衣？我就不脱去大衣！我也不到主席台上去坐，我今天就坐在这后面。"说完，他气呼呼地就坐在了最后一排。这一下，弄得主持人极为尴尬，站在那里，不知所措。我们大家都不知道启先生今天是怎么了，为什么会发这么大的脾气。他老人家坐下后，抬头看见了坐在主席台上的张先生，于是，连忙起身，走到台上，离着老远，一边叫着："苑峰兄！苑峰兄！"（张先生的字）一边作揖问候。张先生听到有人叫他，正抬头张望，启先生已经来到了跟前。张先生看清后，忙起身，拱手道："元白兄! 元白兄! ”（启先生的字）之后，启先生一屁股就坐在了张先生的旁边，正好是给他准备的位子。主持人见状，赶紧宣布开会。再看启先生，好像什么都没有发生过似的。后来才知道，他老人家发脾气是有原因的，本文不做具体解说。不过，这是我唯一一次见到启先生发脾气。但为什么那么快就消了气? 原来他和张先生是好朋友，大概好久没有见面了，有许多话要说吧。

如今，启先生离开我们已经有三年多了。我一直想写一篇小文，把我知道的一些事情记录下来，除了表达我的怀念，还可以为热爱先生的广大读者提供一些有趣而又真实的资料。

2008年8月18日夜于京北传薪斋

周一良（1913—2001，北京大学历史系教授）

大师的侧影

晚年的周一良先生

周先生拒绝了我的请求

　　余生也晚，认识先生的时候已是他的晚年了。记得是1988年，我第一次去拜访他时，他还住在北大校内的燕南园。园内都是一些二层的小洋楼，但建造的年头比较久了，显得颇为陈旧。即使这样，也要两家合住一栋楼。我围着那片楼转了半天，最后总算找到了周家的门，但还是从厨房绕进去的。我那次去，其实只为了一件事，就是想请先生为已经创刊三周年的《书品》题个词。因为是第一次去，进屋后，我赶紧自报家门。记不清是什么人给我开的门，只是说让我等一下。不一会，周先生来了。虽然那时他已经是七十五岁的老人了，但脸上红润润的，微微有点胖，看上去身体挺健康的。当我把来意说明后，本以为他会答应的。可谁知，他先说了一句："你寄来的《书品》我看了，办得不错。但题字的事就免了，我的字拿不出手，真要是题了，岂不是'佛头着粪'。"我一听他那不容置疑的口气，知道再说什么也没用，只得告辞，灰溜溜地出来了。这就是我第一次面谒周先生，一句"佛头着粪"让我碰了个不软不硬的大钉子。

改向先生组稿则积极响应

碰了钉子之后，我并没有完全灰心，只是不能再要他老人家题词就是了。若要向他组稿，当不会有问题的。事实也确是如此。1997年，我正在全力组织、编辑《学林春秋》一书。考虑到书中不能没有周先生的文章，为此，我曾多次去看望他，同他谈起我的设想，征求他的意见，并约他撰写《我和魏晋南北朝史》。他对这一设想十分赞同，鼓励

周一良先生1997年12月致作者信

我要赶快去抓，同时也欣然表示自己一定会写。可就在那一年，他先是患帕金森症，后又不幸骨折，只能卧床养病。他的右手亦因风痹而不能写字。就是在这样极端困难的情况下，他实在无法写文章，却寄给我三首小诗，高度概括了魏晋南北朝的政治、经济和文化三方面的历史状况，收入1998年中华书局出版的《学林春秋》一书中。

虽然如此，可我心里总还惦记着那篇《我和魏晋南北朝史》。听说先生好些后，我便隔一段时间要么打电话去问候，要么去他家中当面请安。其实先生早已看出了我的心思，说他一直在考虑着怎么写那篇文章，待身体再好些后，便请人记录整理出来。后来，我终于拿到了这篇文章。先生在文章的开头还特意做了这样的说明："两年前，张世林兄编辑学者自序的《学林春秋》，邀我写文，当时因病无法应命，勉强写

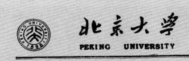

周一良先生1997年12月致作者信

了三首韵都押得不正确的小诗。现在世林兄又准备把上次未及收入的文章重新编入，作为再版，又来邀我。我深为世林兄的决心和热心所感动，这次一定应命，虽然我的学术成就是没有太多可说的。"多么善解人意的周先生啊！我把他的这篇文章收入了1999年朝华出版社出版的《学林春秋》（初编）中了，总算使我心中少了一份遗憾。书出版后，他来信对该书给予了很高的评价，并托我买了好几套，分别寄给外地和台湾的友人。

先生生前出版的最后一本书

《郊叟曝言》是先生生前出版的最后一本书，也是被他誉为出版得最快的一本书，恐怕还是他寄赠最多的一本书，当然了，还是给他生前

周一良先生用左手为作者签名

带去了一些快乐的一本书。作为该书的策划人和责任编辑,我至今还清楚地记得当我和同事在2001年的9月下旬把他要的三百本新书送到他的房间时,他一手拿着书,一手拉着我,不住地点头说:"太好了!太快了!想不到!"接着,他还高兴地用左手为我们签名赠书,并郑重其事地叫儿子将他的那一方刻着"一良左手"的图章拿来,给我们一一盖在书上。此情此景令我终生难忘。

周先生是2001年10月23日逝世的,他生前的那几个月,是我同他联系比较频繁的时期,主要是为编辑《郊叟曝言》一事。在着手组编"名家心语"丛书(学界老先生的自选集)第一辑时,我便想到了周先生。于是我去拜访他征询他的意见。他听后深表赞成,并答应尽快编好交稿。可他那时右手早已不能握笔写字,又不能站立行走,我真担心他一时编不好这本集子。于是我尽可能抽出时间去看望先生。他当然知道我的来意,且他的热情也特别高。他告诉我原先不习惯自己口述由别人笔录,现在已经习惯了,每次口述前腹稿都要过好几遍,因此讲出来后不需要什么修改了,效率还是挺高的。他请儿子和学生帮他整理和笔录。也就是过了两个多月的时间,他便把编好的书稿交给我了。考虑到先生的身体,为了让他能早一天看到该书的出版,我那时是克服了一切困难,加班加点,以最快的速度,从审稿、发排、看校到图片和封面的设计,每一个环节都不敢耽搁而又要确保质量。其中,先生又有几次提出加放照片和增补文章,我也都满足了他的要求。最后该书只用了一个多月的时间就顺利出版了。先生终于在生前看到了自己的新作。不到一个月后,先生就去世了。

先生过世后,他的儿子告诉我:"父亲生前最高兴的就是你给他赶出的这本书。特别是他要的三百本书送来后,便忙着寄送给亲朋好友。

周一良先生与作者合影

我们哥俩一连好几天在家负责打包和去邮局寄发。住得近的，他便让我们亲自给送去。结果三百本不够用，他又让我妹妹给您打电话再要一百本。可惜，书还没送来，他就走了。但他走之前，确实是很高兴的。"

听了这些，我感到很欣慰。记起我最后一次去看望先生，刚进门，先生见我来了，便忙让我坐到他的身边，一边感谢我这么快帮他出书，一边叫他的孙子拿相机过来，说："你来给我们俩拍张照片。"说完，他还拉着我的手，身子尽力往起直了直。这是我和先生最后一次拍照。

和先生聊天

和先生接触的过程中，也不总是谈工作，有时也随便聊一聊。记得有一次说到陈寅恪先生，我又旧话重提，说您应该写一篇介绍您老师如何治学的文章。因为您不是从年轻时就追随陈先生学习，又被大家公认为最有可能继承陈先生衣钵的人吗？听我这么一说，他当即答道："我不能写，我已经被老师逐出师门了，因为我没能坚持老师教导的'独立之精神，自由之思想'，所以我不配写。"说这话时，我注意到先生的表情是沉痛的，语调中含有深深的自责。

有一次闲谈中说到丁声树先生，周先生盛赞丁先生为人和做学问是如何好。我把马学良先生生前同我讲的有关他跟丁先生学习和工作中的一些趣事讲给先生听，顺便把杨向奎先生讲的张政烺与傅斯年之间的几段小事也转述给他。他听后不以为忤，还夸我肚子里有货。接着

《学林春秋》书影，中华书局1998年出版　　《郊叟曝言》书影，新世界出版社2001年出版

又告诉我，五几年给教授评级时，他认为有两个人当时应该评为一级，一个是邵循正，另一个就是张政烺。结果因为其他原因他们两人都没能评上，这是很不应该的。

　　晚年的周先生，特别是在《郊叟曝言》出版之后，每次见面都跟我谈到一个话题，那就是他还有许多东西要写。"通过《郊叟曝言》的出版，你给了我很大的鼓舞，我也完全习惯了自己口述由别人记录整理的方式。我现在每天坐在那里，都在思考要写的文章，这些文章在我的肚子里已经过了好几回，可以说腹稿都已经打好了，只要记录下来就可以了。这下，我还可以写好几本书呢。写好后，还是请你帮我出版。因为你出得又快又好。"看到先生这么有信心，我自己也特受鼓舞，觉得还可以为先生做很多的事情。可谁知道，他这么快就离我们而去了呢。

　　如今先生离开我们已经整整七年了，这期间我总会想起他老人家，我特别后悔的是，为什么没能早一点帮他把"肚子里"的文章整理出版呢？可见，抢救文化财产的工作真是刻不容缓。我这样想，先生地下有知，一定会赞许的！

2008年10月26日夜写于京北传薪斋

胡道静（1913—2003，上海人民出版社编审）

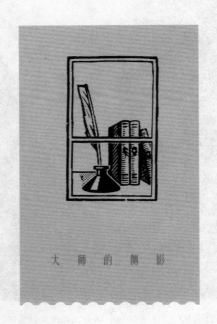

大 师 的 侧 影

匆匆一面的胡道静先生

我是在编辑《书品》期间同胡道静先生结识的，也只是通过书信进行交往。但我一直不满足书信交往，总想能当面向先生请益。这样的机会本来是有的，1990年先生来北京参加中国科学院的一个会议，本打算在会议期间抽出时间到中华书局来看望老朋友，也顺便见见我这位新朋友。可谁知就在临来的前一天晚上，他却突然病倒了，只得取消了见面，赶回上海治病去了。这些事情我本不知道，是先生回到上海住院治疗期间写信告诉我的。

大约是一年以后，我接到先生的来信，告诉我他将来京出席全国古籍整理出版规划会议，约我届时见面。那次会议是在香山饭店举行的，是匡亚明老刚刚接替去世的李一氓老出任国务院古籍整理出版规划小组组长后召开的一次全国性的古籍整理的盛会，各地的著名专家学者云集北京的游览胜地香山饭店。先生是会议的正式代表，在大会召开的前一天住进了饭店。按照事先的约定，我在第二天的下午大约四点钟来到了先生的驻地。本以为他老人家已经休息好了，正在房间里等

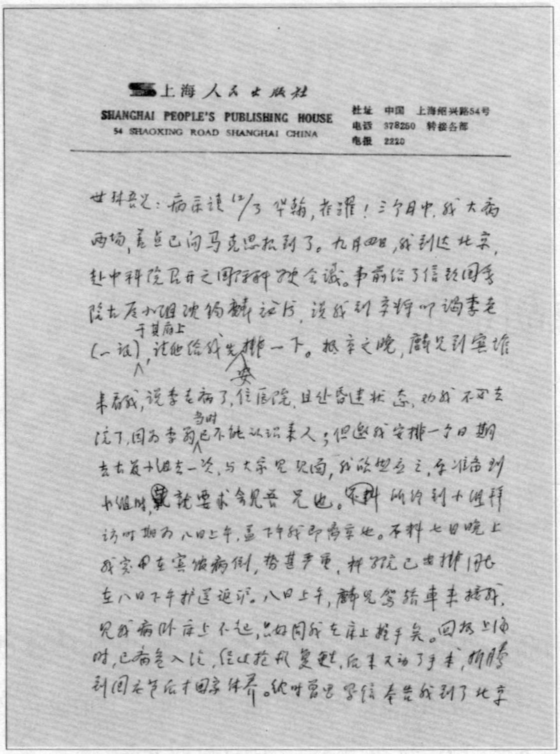

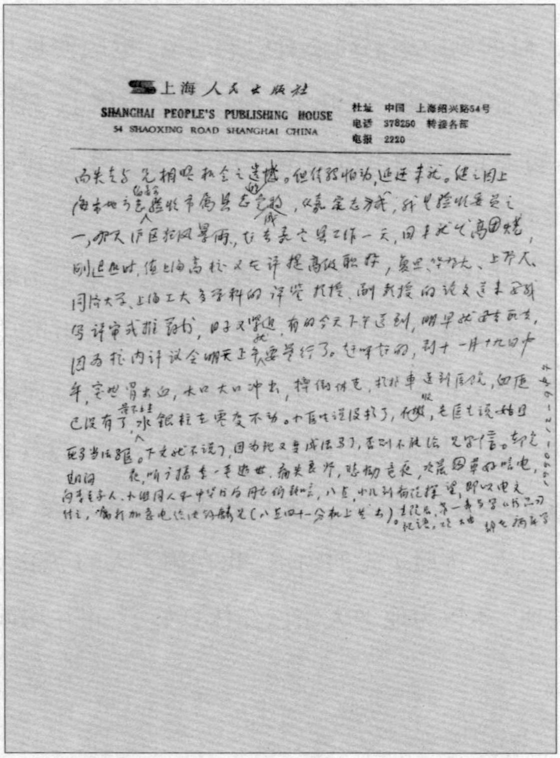

上海人民出版社
SHANGHAI PEOPLE'S PUBLISHING HOUSE
54 SHAOXING ROAD SHANGHAI CHINA
社址 中国 上海绍兴路54号
电话 378250 转接各部
电报 2220

世林吾兄：病床读12/3华翰，感谢！三个月中，我大病两场，差点已向马克思报到了。九月四日，我到达北京，赴中科院召开之国际科技史会议。事前给了信给国务院去厦小姐请她转达，说我到京将呼吁李老（一谈），请他给我先于其府上安排一下。抵京之晚，薛兄到宾馆来看我，说李老病了，住医院，且处昏迷状态，劝我不要去访了，因为李老当时已不能认识来人；但也为我安排一个日期去去厦小姐处一次，与大家见见面，我欣然应之，原准备到小姐处时，就要求会见吾兄也。不料所约到小姐处拜访时期为八日上午，且下午我即离京也。不料七日晚上我突患左室性病倒，势甚严重，科学院已安排回沪在八日下午护送返沪。八日上午，薛兄驾轿车来接我，见我病卧床上不起，只好同我在床上握手矣。回抵上海时，已病危入院，经过抢救复甦，后来又动了手术，稍胜到国庆节后才回家休养。欲呼曾思写信奉告我到了北京

胡道静先生1990年12月9日致作者信

上海人民出版社
SHANGHAI PEOPLE'S PUBLISHING HOUSE
54 SHAOXING ROAD SHANGHAI CHINA
社址 中国 上海绍兴路54号
电话 378250 转接各部
电报 2220

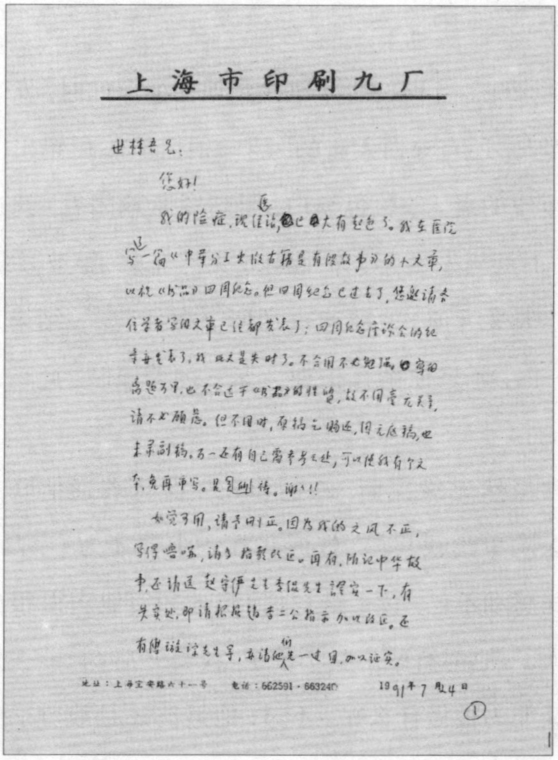

胡道静先生1991年7月24日致作者信

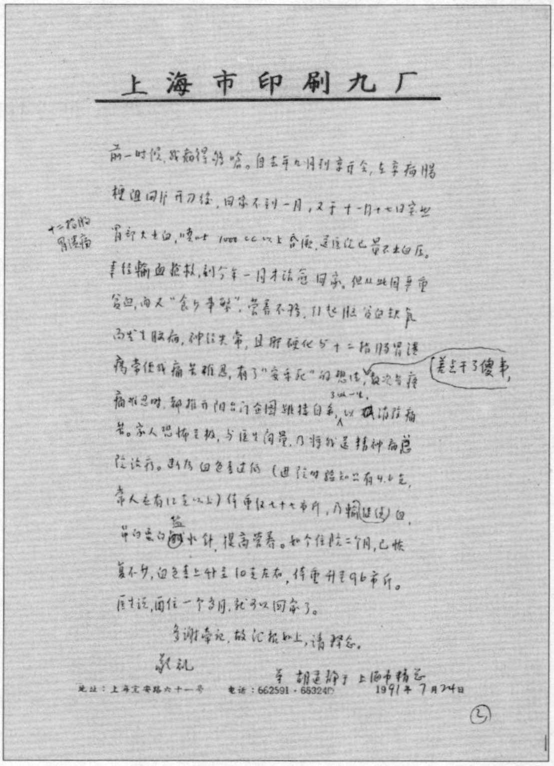

我到来呢。当我兴冲冲地找到他住的房间时，发现门是开着的，里面有很多人，还有穿白大褂的医生。很快从屋里抬出一副担架，上面躺着一位瘦瘦的老人，脸色煞白，眼睛紧紧地闭着，就这样被抬走了。我一打听，正是胡先生。原来他刚才突然犯病了，被紧急送入医院抢救去了。第二天又听说，他被连夜送回上海住院了。结果，我就这样匆匆见了先生一面，还是他躺在担架上紧紧闭着眼睛。此后，我就再也没有见到过先生了。

　　虽然无缘谋面，却还和先生保持着通信联系。就在这次病后，他从医院里给我写信，告诉我在病中他还为《书品》写了一篇文章，实在令我感动不已。读了这封信，我才知道他病得很严重，病痛给他的折磨太大了，他都有些承受不住了。我得知后，只能去信安慰他，除此之外，我又能为他做什么呢。不过，他最终还是战胜了病魔，因为他知道还有许多事情需要他去做呢。

2008年11月24日夜写于京北传薪斋

罗继祖（1913—2002，吉林大学历史系教授）

大师的侧影

罗继祖先生二三事

我和罗先生自上个世纪80年代就开始通信交往了，但直到他前几年离开这个世界，我都无缘拜谒，遂成终生的遗憾。

80年代中期，我受主编赵守俨先生之命约罗先生，为《书品》赐稿，由此开始了同先生的书信交往，其后一直没有中断过，至今我手边还保存有他给我的信件近三十通。现在公布其中的几通，我们可以从中看到罗先生为人和为学的品格。

有求必应

我和先生的通信，几乎全是同约稿有关。最初是为了编《书品》向他约稿；其后又是为了编《传统文化与现代化》向他约稿；到了后来又为了编《学林春秋》和《学林往事》再向他老人家约稿。可不管为谁，先生都是有求必应，从来没有打过磕巴，而且每每按时交稿。后来熟了,他也就不等你约,而是主动寄稿了。我编《书品》的七年之间,曾刊出过他的多篇大作。后来编《传统文化与现代化》也是如此。其实还不仅这些,因为先生书法造诣颇深,为此,我曾请先生为中华书局成立八十周年题词;其后又请他为《书品》创刊五周年和《传统文化与现代化》创刊三周年分别题词。我的这些不情之请,他都一一予以满足,令我十分感激。同时也为给他找了那么多的麻烦而深感惭愧。

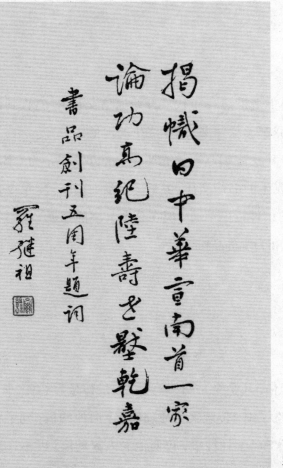

罗继祖先生为《书品》
创刊五周年题词

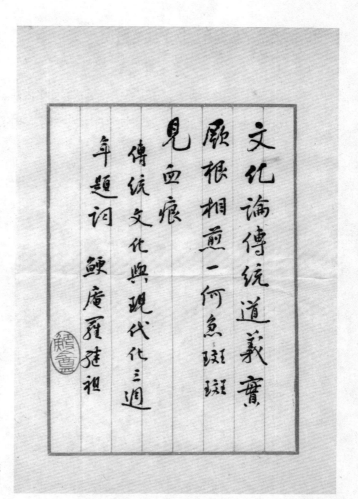

文化論傳統道義實
顧根相煎一何急斑斑
見血痕
傳統文化與現代化三週
年題詞　鰹庵羅繼祖

罗继祖先生为《传统文化与现代化》创刊三周年题词

纠正笔者点校之误

1989年由笔者点校的清人王士禛著的《分甘馀话》在中华书局出版了。由于学识浅薄,有些地方未能读懂原文,致使点校有误。罗先生看到后即来信予以纠正。指出三条错误：

一　19条　致福建佥事　按"致"当为"改"字之误。

二　31条　又字道毋　按"毋"当为"母"字之误。

三　156条　谢病归荆　按"归"字句绝，"荆"属下，指荆元实也。

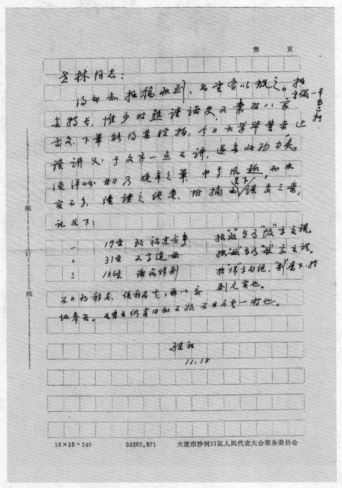

罗继祖先生1989年11月18日致作者信

旋又来一信，指出第9条中缺字，当是"一"或"兮"字。

这是先生对我的批评和纠正，更是他对后学的帮助和关爱。由此我也看到了他治学之严谨。

反对古书白译

罗先生家学渊源，自幼随其祖父、著名国学大师罗振玉习读经史，打下了深厚的古文根底。后长期执教于大学，著书立说，培养后学，成为我国著名的历史学家，参加了当年由中华书局组织的二十四史的点校工作。他对古书有着深厚的感情和深刻的理解，故对于社会上一度出现的古书白话翻译热的现象持反对的态度。这在他1998年给我的一封信中的一则附录里有明确的表示：

> 我反对古书白译，凡白译古书我一概不看更不买。认为古人落笔精神和行文技巧，我们还理解和揣摩不透。这样便翻译起来，岂不要闹笑话。为了帮助后学小生，我看不如引导他们自己去用功。看白译的书，只能助长他们"苟且偷懒"，功不敌患。
>
> ——"鲠庵苦口"一则

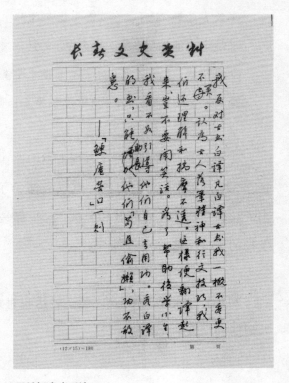

罗继祖先生手迹

我以为"功不敌患"切中了古书白译的要害。他老人家担心这样做会"适得其反"，贻误青年。

奖掖后学 尤佩范公

我在编《学林春秋》和《学林往事》二书时，曾得到先生的大力支持，亲自为二书撰文。复于二书出版后，又写信给我，予以奖掖：

> 寄下《学林往事》与《学林春秋》配成合璧，足见足下于此事致力之勤，倾服之至。二十世纪学林中人几无遗漏矣。因叹此后恐难为继！……我于诸公中，尤佩范文澜先生，品端学粹，为众中翘楚。卞公之笔（指卞孝萱撰《浅谈"专通坚虚"——范文澜先生治学格言》文，载《学林往事》上册）亦能达之。我虽同乡里，然未能识面受教为憾也。

先生就是这样，对我在点校古书中存在的问题能及时提出批评指正，亦对我在工作中取得的一点点成绩给予表扬和鼓励。同时亦表现出了对老一辈学人的尊敬和爱戴。这些都是值得我们认真学习和继承发扬的优良品格。

写了上面这样几件小事，除了表达我对先生的怀念和追忆之外，还希望能和广大学人共勉。

2008年11月23日夜写于京北传薪斋

马学良（1913—1999，中央民族大学少数民族语言文学学院教授）

大 师 的 侧 影

奖掖后学诲人不倦的马学良先生

　　一转眼，马学良先生离开我们已经有好几年了，我一直想写点什么，却总也没有写成，不全是因为懒，而是越来越觉得，回忆有时带给人的往往是痛苦，特别是当你面对"哲人其萎"的现实时。但爱回忆，又是人到中年后的一种普遍现象，更何况马老又给过我那么多的教诲呢。现在，每当我去中央民族大学宿舍区办事路过他老人家的住宅时，我的心都会沉沉地一颤，脑海中就会浮现出他老人家的音容笑貌，就会想起他对我的帮助、指导，还有他同我谈起的学界中的那些趣闻轶事。现在，我还是如实地把它们记述下来，既可为后人提供一些研究资料，又寄寓了我对马老的深深的怀念。

马老对我的帮助和指导

　　最初，是王锺翰先生介绍我去拜访他的。那是1997年的11月，我当

右起：马学良、周有光、许国璋、吕叔湘、季羡林

时正忙于主编《学林春秋》一书。因为多年从事编辑工作，发现学术界中那些学识渊博的老先生们，他们都有丰富的治学经验，这对于后人的学习和研究极富启迪和帮助。但这些老先生们，年事已高，身体又多不太好，若不及时加以抢救和整理，肯定是悔之晚矣。我正是抱着抢救学术史料的想法开始组织和编辑这部大书的。因为马老是我国著名的少数民族语言文学专家，在这一领域创获颇丰，造诣极深，故王锺翰先生推荐我同马老联系，希望他能写一篇总结自己治学经验的文章。我见到他后，第一个印象是他极为严肃，不苟言笑。当我把自己的想法和做法向他和盘托出后，他的脸上露出了赞许的表情，连连称赞："这个创意很好！老先生们都愿意总结一下自己的治学历程。你上面提到的那些已经交稿的先生，确是在各自的领域颇有建树，我和他们多是老朋友，我愿意写这篇文章，写好后我通知你来取吧。"没想到马老这么爽

快就答应下来了，起初还真有点担心他不允呢。

过了也就是一个月吧，他便打电话告诉我稿子已经写好了，约好时间叫我去取。真没想到他老人家这么快就写好了，我如约前去取稿。见面后他取出《我与少数民族语言文学》一文，一边递给我一边说："按你的要求，我把自己这几十年来研治少数民族语言文学的历程和经验体会都约略写在里面了。说实话，我写这篇文章并不是为了吹嘘自己，而是为了给后学提供一些可资借鉴的东西。"

听他这么一说，我忙接着问道："目前在这一研究领域里，年纪较轻的人中，有没有成就比较突出的呢？"

"基本没有。因为这是一门苦差事，现在没有人肯下这样的苦工夫了。过去我们求学的那个时代，学英语、法语出国留学是大热门，而我却偏偏选择了这门无人问津的苦差事，专往少数民族聚居的偏僻地区钻，直到三十几岁时，还没有娶到媳妇。我爸爸就曾说我：'看你学了半天，连个媳妇都找不到。'可我当时想，越热门的我偏不去选它。现在的人们已经不那么看了。这些年也有一些人报考我的博士生，但目的多是为了拿文凭。对这样的学生，我总是直截了当地回答：既然如此，我也就不用下工夫教你们了。我一个八十多岁的老人了，本来精力就不多了，何必白费劲呢。干脆给他们文凭完事。"说到这儿，先生的眼里流露出深深的无奈和失望。"不过，也有个别学得不错的，有一个女学生姓爱新觉罗，是启功先生的侄女，学得虽好，可一毕业就去了日本，后来就嫁给日本人了，也不知还搞不搞专业了。再有就是身边的这位女助手，学得也不错，跟着我也有二十年了。"看得出，他对这门学科的前景还是十分担忧的。"你现在主编的这部《学林春秋》，让我们这些老人把自己一生治学的心得体会写出来供后人参考，真是很及时也很有必要啊!"

马老的鼓励和支持真是令我大受鼓舞,我忙抓住时机进一步向他老人家请教:"目前,《学林春秋》一书已基本编好,我在阅读完这些稿子后,总感到由于篇幅和体例的限制,文章前面谈'师承'的那部分没能展开,实际上这部分内容很重要,因为学术的发展是离不开承传的。而这些先生们的老师可都是20世纪前半叶中国学术界里的重要人物啊!现在的年轻学人对这些学界前辈已不甚了了。为此,我想请作者们每人再写一篇专门介绍自己的导师治学和育人、做人的文章,而这些也只有您们这一辈人因做过他们的弟子和门人,亲聆教诲,耳濡目染,才能把握得住老师们的学术精髓和道德风范,从而将这一份极为珍贵的学术史料保存并传播开去。因此,我想再编一部书,名字就叫《学林往事》。您看,行吗?"我说得确实有点儿忘乎所以,但马老听得很认真,不时地点头。

等我说完了,他才高兴地说:"你的这个想法真是太好了,我就可以写一篇介绍我的导师李方桂的文章。当然了,南开大学的邢公畹先生也是李的学生,为了避免重复,你可以写信请邢先生写文介绍他的主要导师罗常培先生。另外,你可请西南师大的刘又辛先生写文介绍罗庸先生,别人不好写。罗庸与罗常培是兄弟俩。"写到这里,人们就会发现,马老既是一个很严肃的人,又是一个很热情的人。其实,就是一位真正的学人。他不仅自己答应写稿,还积极指导我组稿。我之所以能编出上述两部大书,就是因为有了他这样一批老先生的热情鼓励和真诚帮助的结果。

又过了不到一个月,马老便把介绍李方桂先生的长文——《历史的足音》交给了我。可非常遗憾的是,他未及看到该书的出版,便因心脏病突发而匆匆离去了。至今我还清晰地记得马先生那天在交给我这篇稿子后，非常真挚地对我说过的话："要说起来我和你才刚刚认识不久，可我很喜欢你这样有开创性的年轻人。在你之前，也有很多人来向我组稿，我是能写的才写，不过很少，一般的都回绝了。而惟独对于你要我写的，我不但抓紧时间写，还帮你出主意组织别人写。为什么呢？因为你的这些想法确实很好，你是一个干实事的人，是在为学术界办实事。我一直把你的名片放在茶几上，好便于同你联系。"他老人家的话让我很感动，不仅仅是因为他夸奖了我，更重要的是表现了他自始至终关注学术事业发展的热心。我不会忘记，他最后因心脏病严重在家打点滴时，本不该会客，但听说我来了后，一定要助手把我请到床前，告诉我他已去信美国，约请原中央研究院历史语言研究所的一位老同事为《学林往事》写文章。先生当时的身体状况很不好，可还在为我的事操心费神。此情此景真令我感动莫名，永生难忘！

　　马老在同我闲谈中，还披露过学界中的一些鲜为人知的逸事，都是十分宝贵的学术史料。现摘录几则，以飨读者。

马先生的另一位导师丁声树先生

　　马老同我谈的最多的是丁声树和张政烺两位先生（后者下面将谈到）。他告诉我，当时史语所所长傅斯年先生最赏识的就是这两人。丁先生可谓学贯中西，不仅中文好，英文也是最好的。他留学西洋，专门背过英文大词典，故在当时的史语所里，他知道的英文单词是最多的。记得有一次吴组缃先生正在用英文写作，忽然忘了一个单词怎么写了，丁先生马上告诉他应该怎么写。就连赵元任和傅斯年忘了某个单词，也是去问丁先生，都会马上得到解答。后来所里的人都称他是"活字典"。

马老说："我在史语所读研究生时和丁先生接触较多，而真正成为他的学生，还是我的导师李方桂先生出国时把我托付给他，让他代为指导半年。丁先生虽然学识渊博，但为人却十分谦虚，别人向他请教治学中的问题，他总要说：'我不懂。我真的不懂。'他当我的导师就没有给我讲过什么。我给他写信请教问题时称他为'丁先生'。他接到后，必定把'先生'二字划掉，然后在信上注明：'同在一所，何必称先生。'把信退了回来。我又写信改称'丁老师'，他又把'老师'二字划掉，注上：'同在一所，何必称师。径称丁同事即可。'我只好再写信改称'丁同事'，但他又说：'这个问题我不懂，我真的不懂。'没办法，他就是这么一个谦虚的人。所以，我跟了他半年，他什么也没有教过我。但有一件事，我至今还清楚地记得，若不说出，怕是无人知道了。那是1949年南京解放前夕，当时中央研究院的人都跑光了。一些人去了台湾，只留下我和丁先生负责照看大院，等候解放军前来接收。中研院的院子很大。有一天晚上，我们两人在院子里散步，天空中正好有一弯月亮，丁先生便指着月亮问我：'你看这月亮是上弦月还是下弦月啊？'我看了看便回答道：'是上弦月啊！'不料他听后说：'你怎么回答得这么简单呢？地球是一个球体，月亮也是一个球体，你应该从它们不同的位置关系考虑后再回答啊！'这就是他对我的唯一一次指导。可就是这一次，却让我终生受益。他是在告诉我：研究任何问题，都不能只从表面现象去看，而应该从事物后面的相互关系入手研究。我后来研究任何问题都是按照他的这一教导去做的。

"丁先生还有一个习惯，就是每天很早起来到院子里高声背诵古文。我曾问过他：'听人说您能背二十四史中的前四史？'他忙纠正道：
'言过其实了。像天文、律历方面的文章不需要背，只要会查就行了。但
纪、传两部分的文章我确实都能背。'可就是这么一位学识渊博的大学
者，在别人面前却极为谦虚，还坚持每天打扫院子，因为后来进驻的解
放军战士把院子弄得很脏，他们一直以为这个穿着极为普通的人就是
一个清洁工呢。"

博览群书的张政烺先生

马老告诉我他最佩服的另一个人就是张政烺先生："像他那样读
过那么多书的学者在我们中间恐怕找不出第二人来。我有时请教他都
应该看些什么书，结果，他要我看的书我连名字都没听说过，也是《书
目答问》上所没有的。所以，他写文章，从来不写人家知道的问题，只
写人家不知道或弄不懂的问题。当时，史语所里的人碰上不懂的问题，
就去请教他，他都会告诉你这问题见于哪部书中。此外，他还精通古书
的版本鉴定，当时史语所的图书就是由他负责购买的。他确实是我们这
一辈人中出类拔萃的佼佼者。我和他是小同乡，都是山东荣成人，但我
的学问却不能和他比。"

潘光旦先生劝慰费孝通

马老说那时费孝通就住在他们这个院子里。"文革"爆发后，费先

生受到多次批斗，红卫兵还动手殴打他。有一次，他忍受不下去了，批
斗会散后，他对他的老师潘光旦说："我要走了，我实在受不了了。"潘
老听后平静地说："你干吗要去死呢？这只不过是一场运动罢了。运动
过后，国家搞建设时还是要用我们这些人的。不用我们用谁呢？你好
好想一想，不能就这样走了啊！"听了潘老的劝慰，费先生咬牙挺了过
来。果然，"文革"过后，费先生又受到了国家的重用。要不是当初潘老
的这番劝慰，恐怕今天就没有费先生了。

马老是一个既严肃、耿直又热情、真诚的人。我能和他老人家结
识，并亲聆其教诲和鼓励，真是何幸如之！现记录下这些所见所闻，除
与广大读者共勉外，还寄托了我对他老人家的深切怀念。

2008年8月15日改定于京北传薪斋

程千帆（1913—2000，南京大学中文系教授）

大 师 的 侧 影

程千帆先生给我的帮助

在上个世纪80年代末期，我在中华书局编辑《书品》杂志时，即同程千帆先生结识并有过书信往还，只是那时还无缘面谒先生。1992年底，我调入国家古籍整理出版规划小组，参与创办《传统文化与现代化》杂志，因该杂志是小组组长匡亚明提议创办的，1993年创刊不久，匡老便委托南京大学约请各界专家、学者召开座谈会，听取意见和建议，以便办好刊物。我就是在那次会上第一次见到了仰慕已久的程先生的。其后，由于工作的需要，我每年都要去南京两三次，每次都会抽出时间去拜访他老人家，除了向他约稿外，还可以听听他聊天，颇广见闻。下面拟分别加以介绍。

对《传统文化与现代化》杂志的批评和建议

1995年，《传统文化与现代化》杂志创刊三周年时，我们准备编一本纪念册，我给先生写信，希望他老人家能给题个词并写一篇文章。没过多久，我便收到了先生寄来的题词和文章。他在《几点建议》一文中，针对我刊存在的不足之处提出了明确的建议和批评：

> 我们介绍传统文化的文章，以阐释弘扬传统文化的精华为主，这当然是对的。但对传统文化中某些并非精华甚至于是糟粕并且一直在我们今天社会中还起着副作用的部分，似乎也有加以分析批判的必要。例如：我们在宣扬无神论的时候，似乎对目前在社会上广泛流行的有神论注意得不够，对于某些事实上使人惊心动魄的现象甚至于习而不察。据说，一座和某国立大学为邻的寺庙，信徒们给他的布施比国家拨给这所大学的经费还要多，佛像贴金的费用高于大学购置先进仪器的费用。从这里，难道不可以看出某些人对有神论的偏爱，并且努力地加以宣传吗？我们无神论者难道不应当对这种令人担忧的社会现象加以重视和研究吗？这难道不是负面的传统文化对现代化的直接干扰和

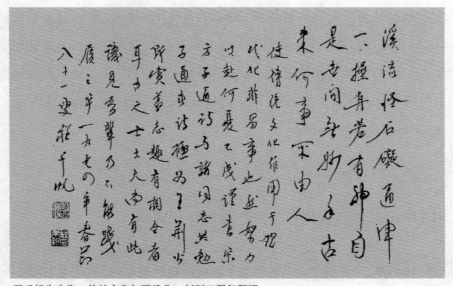

程千帆先生为《传统文化与现代化》创刊三周年题词

挑战吗？但我们却对这种现象保持沉默。

由此可见，他的观察是敏锐的，态度是明确的，对于传统文化要做具体的分析：该弘扬的弘扬，该批判的批判，不能保持沉默。他的文章为我们的刊物指明了方向，也是我们今天对待传统文化应有的正确态度。

关于《我和校雠学》

我在主编《学林春秋》和《学林往事》这两部大书时，马上就想到了先生，希望他能写一篇总结自己治学经验的文章，再写一篇介绍师长的文章。承蒙先生的厚爱，对我这种过分的要求一一给予了满足。我最初以为他在写谈治学经验的文章时，一定会用"我和中国古代文学"这一类的题目，接到稿子后，才知道先生确定的题目是《我和校雠学》。认真拜读了全文后，我才明白了他为什么要选用这个题目。原来，他对于校雠学的研究可谓是用功最勤、费时最长、成果自然也是最大的。他从20世纪40年代初开始从事这方面的教学、研究和写作，中间断断停停，直到1996年《校雠广义》一书才杀青。又过了两年，该书才正式出版。他在文中写下了这样一段话：

> 《校雠广义》一书可以说写了半个世纪，终于在1996年完成了。根据我国传统文化而建立的包括版本、校勘、目录、典藏四个部分的校雠学，也许这是第一次得到全面的表述。我们将重点放在这门科学的实际应用方面，而省略其历史发展的记载。……我比较有自信心的是，本书是比较全面地论述校雠学的实际操作方法的教科书。所以对于初涉文史研究工作的学生而

言，本书或许具有更大的实用价值和指导意义。

……

本人从事文史研究，也得益于校雠学知识，……我历来主张研究文学，要将考证与批评密切地结合起来，将文献学与文艺学密切地结合起来。文学批评应当建立在考证的基础上，文艺学研究应当建立在文献学知识的基础上。从事文学，特别是古代文学研究的人，不一定人人成为文献学家，但应当人人懂得并会利用校雠学知识。

这一段话是先生对于《校雠广义》一书的特色和作用的实事求是的评价，也是自己多年治学经验的总结和对后学青年的谆谆教诲。值得我们认真学习和借鉴。

黄季刚先生为何重视拜师

程先生在同我闲谈中几次都谈到了黄季刚先生。他说："黄先生教过我的太太沈祖棻，那时黄在北大讲课，我在北大念书，去听过他的课。后来黄与胡适意见不合，便离开了北大。他有一个学生叫陆宗达，当时也在北大读书，因黄离开北大，他也跟着老师离开了北大。陆那时还没有毕业，连北大的学籍都不要了。他后来一直跟着黄师学习小学，成了黄的入室弟子。好在黄那时一个月挣好几百大洋，养几个学生是不成问题的，要是在今天可就困难了。另外，你知道黄为什么特别重视拜师礼节吗？多年前，我读他的日记时，偶然发现，他对门下从学之士或称弟某某，或只谓学生若干人，不知为什么不同。后反复思索，才恍然大悟。原来，凡称弟某某者，必定是正式行过拜师礼的；而仅称学生者，则是没有行过这种礼的。杨伯峻先生是正式向黄行过拜师礼的，他曾在一篇文章中回忆，黄对他说过："我和刘申叔，本在师友之间，若和太炎师在一起，三人无所不谈。但一谈到经学，有我在，申叔便不开口。他和太炎师能谈经学，为什么不愿和我谈呢？我猜到了，那就是他要我拜他为师，才肯传授经学给我。而我在经学方面确实不如他。因此，在一次只有我们俩在一起的时候，我便拿了拜师贽敬，向他磕头拜师。从这以后，他便把他的经学一一传授给我。因此，我的学问是磕头得来的，所以我收弟子，一定要他们行拜师礼。'由此可见，黄先生之所以看重行拜师礼，恐怕不只是看重这种形式，他更看重的是这种形式背后所蕴含的重道与尊师的双重意义。虽然，今天我们已经不实行这一套了，但尊师重道总还是应该的吧？"

"没有匡老，就没有我后面这二十年"

程先生与南京大学老校长匡亚明有着很不同寻常的深厚的友谊，只要一谈到匡老，他就会十分动情地说："没有匡老，就没有我后面这二十年。"原来，在"文化大革命"中，程先生因右派等历史问题，被遣返回了街道，离开了心爱的教学工作，生活极度困难。匡老重新主持南大工作后，马上便提出正式调程先生到南大来讲学。"是他亲自派人把我从街道上直接请到南京大学的。当然了，他不光请了我，还请了其他好几位重要学人来到南大。他一心想着的就是南大的学科建设和发展。匡老是一个真正的马克思主义者，他用自己的一生实践了他常说的两句话：真正的马克思主义者，走出书斋是战士，回到书斋是学者。这确实是他一生真实的写照。特别是他在晚年担任了"中国思想家评传丛书"的主编之后，更加勤奋忘我地工作。他曾说过，三十年代他在延安时，毛主席有一次同他谈到：'从孔夫子到孙中山，我们都应该加以总结。我们应该承继这一份宝贵的文化遗产。'所以他后来才正式提议编写这一套丛书，而且还身体力行，自己动手写了第一本《孔子评传》。他对这项工作要求很严，不仅对别人要求严，对自己也是如此。他经常召集有关的编者和作者到他家去商谈工作，有时还自己亲自去外地找作者商谈、讨论。他完全忘记了自己已是一个九十高龄的老人了。特别是他自今年（1996年）五月去北京召开了本套丛书的前五十集出版新闻发布会回来以后，他对工作抓得更紧了。我们大家都知道，他是在争分夺秒，想在2000年以前将这套二百部的丛书全部出齐。所以说他太累了，他是累死的。"先生说到这里时，声音都有些哽咽了。稍稍平静了一会儿，他接着说："匡老为了这套书的事，没少到我家里来。按说他比我年纪大，我怎么敢让他来呢。所以他一打电话说要来，我便忙说，还是让我去你那里吧，最多你派车来接我去就是了。但每次他都不肯，非要我在家等他。他对老知识分子一向是非常尊重的。"听先生这么一说，我才明白了他同匡老之间那深厚的友谊。

听先生聊天，很长学问，也很受教育。他那儒雅的风貌和娓娓动听的话语，总会深深地吸引着你，真是如沐春风，受用一生。只是今后再到哪里去聆听先生的教诲呢？

2008年9月14日中秋夜改定

王世襄（1914年生，国家文物局中国文物研究所研究员）

大 师 的 侧 影

和王世襄先生一起吃饭

2001年11月的下旬，我那时正在帮王世襄先生和他的老伴袁荃猷先生做一点编辑方面的事，在一个礼拜之内，我接连两次去接二老到

王世襄先生和作者交谈（左为王世襄先生的夫人袁荃猷先生）

一家排版公司看为他们的新书设计的版式。每次看完之后，都正好到了吃午饭的时间，王先生一定要请我们吃饭，于是我们便来到楼下的一家挺大的饭馆。我们坐下后，王老便拿起菜谱，一边翻看一边点了如下的菜：

糟熘鱼片　软炸里脊　过油肉　菊花鱼　葱烧海参　乌鱼蛋汤
烤鸭一只

我们都知道王老是著名的美食家，虽然我以前也和他一起吃过饭，但那都是别人请客，用不着自己点菜。而这回却不同，是他请我们，从他点菜的熟练程度一望可知。更不同的还在后面。先上的是烤鸭，他先卷了一卷，吃了后没说什么。接着上的是软炸里脊，他吃了一口说："现在的猪肉没有原来猪肉的味了。"小姐又端上了糟熘鱼片，他夹了一块放到嘴里品尝后说："倒是放了糟，只是糟的质量不算太好，有的饭馆连糟都不放。再就是盐多了点，味道不太对。"

就这样，每道菜上来后，王老都先尝过，发表完意见后，再请大家吃。我们一吃，果然觉得他说的是对的。以前这些菜我们也都吃过，没觉得什么不对。这回经他老人家这么一指点，确实发现了问题。

当尝过葱烧海参后，他说："这菜用的海参是一般的低档参，所以价钱不贵，要是用好参得一百多块呢。"过油肉端上来后，我问："这应该是山西菜吧？"他说："是的。"他吃过后说："放的配料不对，应该底下铺海参。"袁先生在旁边说："能放海参吗？那菜价就该贵多了。可惜你们和畅安（王老的字）认识得晚了，要是倒退十年，他会亲自下厨给你们烧一桌好菜。我这一辈子都不会做菜，都是吃他做的菜。我只能做主食，米饭、烙饼、馒头什么的。现在我才开始学做菜，因为他老了，做不动菜了。我可学不会他那样做菜，只能做些简单的，他也只能将就着吃。"

说着又端上来了菊花鱼，王老一看就说："汁不够，番茄酱放少了，颜色不对，鱼炸得也不够焦。"我们一尝，果然口感和味道都欠缺些。

饭后，王老还十分感慨地说："现在做菜用的料都已大不如前了，鸡、鸭、鱼、肉都不像从前那样香了，调料也都不够地道了。"

因为事情还没有做完，在送二老回去的路上，我们又约好五天后的上午再来接他们。到了日子，我们又去了那家公司，把上次没看的都看了，时间又到了中午。我们忙抢先说这回该我们请您二老了。哪知，王老一听便摆出一副不容分说的样子，"哪能叫你们请呢？还得由我来。"

我们不同意。袁先生在旁边说道："你们别争了，就听王世襄的。你们不愿意让他着急吧？让他着急，再急出点好歹来。再说上次回去以后，他就说了，下回还去楼下那家吃，他连点什么菜都想好了。他这回要嘱咐服务员，哪道菜应该怎样做。他说上次没指点，菜就没做好。所以你们就别同他争了。"听了这话，我们只好从命了。

下楼，进了餐厅，刚一落座，王老便拿起菜谱，稍一浏览，便把服务员叫到跟前，一边指着菜谱说，还一边比划着。过了一会儿，菜都点好了。看得出他老人家这次真是有备而来。他对我们说："上回菜点多了，吃不了。这回我只点了下面这几道菜：

葱爆羊肉　糟熘鱼片　糖醋白菜　冬菇豆腐　清蒸鲩鱼　白菜豆腐汤　烤鸭一只

"我刚才已就有的菜应该怎样做，放什么，不放什么，多放少放等交代给服务员，并让她转告大厨了。等一会儿，我们来尝尝，看看比上回如何。"先端上来的菜是葱爆羊肉，王老拿起筷子夹了一片尝了尝，说："炒得还不错，你们尝尝。"我们一吃，果然不错，又嫩又够味。王老见状，不无得意地说："看来指点一下就是有效果。"

这时，小姐又端上了第二道菜：糟熘鱼片。我们忙让王老先尝，他尝过后对我们说："上次也点了这道菜，虽然搁了糟，但不够味，偏甜。所以我刚才嘱咐小姐转告大师傅一定要多搁点儿糟，少加一点糖。你们尝尝这次的味道如何？"我们赶紧一人吃了一块，果然味道浓郁，可谓糟香满口，比上次好多了。"我要是再来指点一二次，就会更好了。"

上的第三道菜是糖醋白菜，王老一看就对小姐说："这菜用料不对。糖醋白菜只能用靠近菜心的白菜帮，既不能用外面的老菜帮，也不能用白菜叶子。"接着夹起一块尝了尝，说："醋味不够，光剩下甜味了。"我们一尝，确实如此。

又端上的是冬菇豆腐，豆腐里搁了酱油，红红的。他尝后说："这道菜我没指点什么，烧出来果然不行。看来指点和不指点还真大不一样。"

我忙问道："您年轻时还学过做菜啊？"

"这些菜不算什么。年轻时我父亲请客，都是我做菜，整桌整桌的菜都由我来做，比这要复杂多了。"王老刚说完，小姐又端上了白菜豆腐汤。他喝了一口，"这汤可比上次那乌鱼蛋汤好多了，又清爽，又好喝，价格又便宜多了。"

这时，烤鸭上来了。他说："这里的鸭子烤得还不错，确是一片一片片下来的，皮也还算焦，而且比大店要便宜许多。"

最后上的是清蒸鲩鱼。他说："上次要的是菊花鱼，做得不好，鱼肉炸得不焦，汁也不够浓，番茄酱放少了。这次改为清蒸，看看究竟怎样？"说完尝了一口，马上说："有点儿老了。"又叫过来服务员说："清蒸鲩鱼应该是整条的。过去做这道菜并不把鱼一劈两半，还横着切成一段一段的。那时只是把鱼从中切一刀，不切断，劈着摆放在盘子里上蒸锅。现在你们给切成两片不算，还又切成一段一段的，这样去蒸，鱼能不老吗？既然切成这样了，就应该少蒸两三分钟，才能恰到好处啊。"听他这么一说，我尝了一块，果然鱼肉是发紧，有点老了。

其实，吃到这里，我们都已经吃好了。王老见状，又说道："要是我再来吃两次，给他们再指点指点，这里的菜还能做得更好些。"说这话时，他老人家的脸上不无得意之色。虽然他那时已是八十六七的老人了，但依然是那样的率真和自信。

我和学界的一些老先生吃过不少次的饭，但和王老这样的美食家吃饭还是头一次。他谈做菜就像谈做学问，和他吃饭，不仅能大饱口福，还能广见闻，长学问。真希望能还有机会再和他老人家一起吃饭。那可是物质、精神双丰收啊！

讲了这么多，光谈吃饭了。其实王老的学问大了。他弹古筝、做家具、养鹰、养狗、养鸽子、斗蛐蛐。走进他的房间，你不时能听到蛐蛐那悦耳的鸣声。他的兴趣广博，且样样通，样样精。几乎他玩的每一个领域，都有专著问世。有一次他对我说："唐代史料中涉及鹰的就得有一百万字，只可惜我现在老了，整理不动了。"说到年轻时爱玩，他对我讲："上大学（燕京大学）时，就因为好玩，所以洪煨莲先生曾批评过我：玩物丧志。1945年我到了李庄，想投奔史语所，傅斯年见我后问：'你是哪毕业的？'其实他应该是知道的。我回答是燕京大学。他听后说：'我们这里只要清华和北大的。'于是我只得出来改投同在李庄的营造学社，幸亏梁思成先生接纳了我。"

其实，王老的"玩"跟一般人的玩是大不一样的，他的"玩"不仅仅是为了娱乐，更主要的是为了研究。就如同他讲做菜一样，不仅仅是为了好吃，更是为了继承和宏扬我国悠久的饮食文化。只可惜像他这样会玩、会吃的人太少了。

2008年11月27日夜写于京北传薪斋

王永兴（1914—2008，北京大学历史系教授）

大 师 的 侧 影

缅怀王永兴先生

前些日子，北大历史系王永兴老先生驾鹤西行了。听到这一消息，我不禁回忆起他老人家生前曾同我谈到的一些人和事，以为很有记录的必要，为的是保存住这些珍贵的学术史料。

八十老翁立志为寅恪师书做注

1997年12月16日中午，我和谢方由宿白先生家出来赶往燕北园新建的北大宿舍区拜访王永兴先生。他看到我们后很高兴，说自打搬到这里，连去趟北大都不容易，因为此地交通极不方便，许多老朋友更是难得一见了。那时王先生已经八十多岁了，但看上去精神很好。他对我们说："目前我身体还不错，很想再干一些事。例如上海古籍出版社出版过（陈）寅恪先生的'读两唐书札记'（书名为《陈寅恪读书札记·旧唐书之部新唐书之部》），我与李锦绣均参预了此书的整理和辑录。札

王永兴先生致作者信

记共一千余条，是寅恪先生多年读书研究之心血所在，学术水平极高。但颇不便今人学习和使用，寅老虽然只简单地批注了一句，可寓意却十分深刻。不加疏注是很难准确把握和理解的。因此，我一直有心要为该书做疏注，准备用五年的时间完成这项工作。现在我已开始着手写作了。只是我的双手在十年浩劫中为酷刑毁坏，至今只能勉强写字，速度极慢。但我一定要在我有生之年做完这件事。"这就是王老晚年为自己立下的志向。只是不知道，这件事情做完了没有。

师从郑天挺和向达

王先生本来是陈寅恪先生的研究生，但后来指导他的导师却是郑天挺和向达两先生，他向我讲述了其中的缘由："40年代初，我考上了陈寅老的研究生，但他只教了我一年，便去香港治疗眼病。后由于太平洋战争爆发，他被困在香港无法回来，于是委托郑先生和向先生代他指导我，这样我便跟随郑、向二师学习了二三年，直到后来他从香港脱身回到大陆，即回到云南西南联大，我才又转而跟随他治学，做了他的助手。"

讲完了这一段缘由，王先生又向我介绍起郑先生来了。他满怀敬佩地说："郑先生是一个对工作非常负责的人，有极高的领导才能。在西南联大时，虽然是北大、清华、南开三校合并，但北大的蒋梦麟、清华的梅贻琦、南开的张伯苓三位校长均有他任，对于校务并不具体负责。真正负责处理学校日常行政事务的就是校秘书长郑天挺先生。他既要负责教务，又要负责教师和学生的生活，还要做好指导学生的工作。他居然把这方方面面的工作都处理得井井有条。他那时是学校里的实权人物，经他手进出的银圆是不计其数，但他真正做到了'出污泥而不染'，始终是'两袖清风'。到了1952年，实行院系调整时，他从北大调到了南开的历史系。有一次我去南开看他，时间已是中午，他就住在两间小房子里。我去时，见他正在用煤饼炉子煮挂面呢。见我来了，还问我要不要同他一起吃挂面。那个时候，他的儿子郑克晟还没有调回南开他的身边。我见状，心里很难过。但他却安慰我说，现在一切都很好，能够读书做些研究工作了。后来中华书局点校二十四史，郑先生和全国其他一些著名的史学家奉调北京，参与其事。我作为他的助手也参加了这项工作。"说到这儿，王先生略微停顿了一下，又满怀深情地回忆道："那是六几年，当时中华书局在翠微路办公，对参加点校工作的老先生极为照顾，安排在西北楼办公，并且还单独开小灶，照顾上可谓是无微不至。每天晚饭后这些老先生常出去散步。郑等一些老先生走在前面，边走边聊。我则跟在后面。那真是一段令人难忘的美好时光啊！"王先生说完这些，脸上的表情还是很让人感动的。

向达向陈寅恪请教

王先生说："最初还是在西南联大的时候，向先生有时去寅先生家请教学术上的一些问题，当时我作为寅师的助手侍奉在他的左右。每次向先生来都是我开门请他进来。向先生见到寅先生便请教一些问题。寅师因眼睛失明，坐在那里回答问题，而向先生则一直站在那里聆听。等我倒茶回来一看，向先生一直站着，便说您快坐啊。这时寅师忙问道：向先生你怎么不坐下啊？我眼睛看不见，你快坐下啊。接着又嘱咐师母唐篔和我，以后向先生来一定要请他坐下。但向先生根本没有坐下过，因为他把寅先生看成是他的老师，虽然他们的年龄差不多。向先生每次见到寅老都是要行大礼的。60年代，向先生在搞《大唐西域记校注》时，遇到了一些疑难问题，他请教了在京的一些专家学者，未能解决。于是他便南下广州，再次请教寅师，问题均得到圆满的解决。所以向先生一直都非常尊重寅先生。"

向先生手抄《敦煌卷子》的毁灭

向先生学识渊博，且又非常勤奋。他在英国时，每天都要去大英博物馆看该馆收藏的中国文物，特别是其中的"敦煌卷子"。王先生介绍说："他白天看，晚上回到宿舍后便把白天所见都用蝇头小楷记录下来，整整抄了二十卷，字迹非常工整。60年代'文革'前夕，有一天我到向先生家去请教，向先生拿出他手抄的这二十卷对我说，这里面有你搞隋唐经济史料需要的资料。我看了以后，认为确实非常重要，便提出要将这些卷子借回去抄录。要知道我当时已被北大清除发往山西一家中专学校教书。可向先生明明知道这些，却点头答应了。只是说：'你带回去抄吧，保管好，抄完后再还给我就是了。'这样，我便拿回山西去了。谁知不久'文革'便爆发了。有一天造反派来抄我的家，看到我那一大屋子的书，便说都是封、资、修的东西，让人装车拉往学校，随便倒在一间房子的地上，然后让我站好接受批判。当时是冬天，屋子里生着火炉子，造反派头头要抽烟，便随手从地上我那一堆书中抽出一卷撕下一张点火抽烟。我一看撕的刚好是向先生的手抄本，便急忙对造反派头头说：这本书很有价值，是我向老师借的。我不说还好，一说，那头头便把这部手抄本拿起来翻了翻说，明明是封、资、修破烂货，你还说有价值。说完便将这部极其珍贵的向师手抄稿塞进火炉里烧了。我当时真是莫可奈何，只觉得对不起向师。要知道那是他花了多少心血才由英国抄回来的啊！我是说好了用完后要还给老师的啊！后来我回到北京，曾去过向先生家，不过他已经去世了，我更是无从还起了。"

"向师为人十分耿直，不会说假话，也不会拐弯抹角。在那个言多必失的年代，他也曾有所察觉，并嘱咐过我们这几个常在他身边的学生说：遇事多提醒我点儿，但还是在劫难逃。我不也是早早就落网了吗？"

回忆起王先生同我谈的这些事，真有些"恍如隔世"之感，怕是今天的年轻学子们既不知道这些人，也不知道历史上还发生过这些事。为了不数典忘祖，也为了记住历史上曾经发生过的那些事，同时也为了缅怀刚刚离我们而去的王先生，我写了上面这些话。

2008年11月1日深夜于京北传薪斋

周祖谟（1914—1995，北京大学中文系教授）

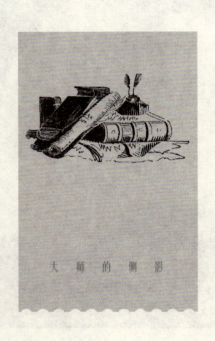

大　师　的　侧　影

周祖谟先生印象散记

　　周祖谟先生一直住在北大校外中关园280号，那是一处平房，就在中关园后来盖起的那片宿舍楼的后面。记得第一次去拜访先生，虽然门牌、方位全问清楚了，但真找起来还是颇为费力。其实，我已经来到了那片平房跟前，可转了半天，就是找不到280号，因为那一片平房从外形到院落都差不多，说是院落，可并没有围墙，只是在地上钉了一些木桩，上面拉了几道铁丝围起来而已。问了几个人，走错了几家门，好不容易才摸到了先生家的院外。真有那么点儿曲径通幽和世外桃源的味道。不过，若说这里是都市里的村庄，似乎更贴切些。总之，你想不到周先生会住在这儿。让你下次再来，你也不一定一下还能找到。我是来了好几次以后，才算是找准了道的。

　　我第一次去拜访先生，是为了征询他对我们新创办的杂志《书品》的意见的。当然了，最希望的还是他能为我们写稿。他问明我的来意后，便高兴地说："你寄给我的杂志已经收到了。《书品》印刷精美，内容充实，特别是其中记述古籍整理中的得失和体会的文章，最让我受益。如杨伯峻先生的《我和〈左传〉》、孙楷第先生的《写在〈沧州后集〉出版之后》、赵守俨先生的《〈古逸丛书〉今昔谈》及傅璇琮先生的《〈唐代诗人丛考〉馀论》等文章，非内中人士所不能言，最让人读了有兴味，有收获。《书品》的主编由赵守俨先生来担任，当然是再合适不过了。他曾负责组织、整理二十四史的具体工作，是古籍整理方面的专家，我和他是比较熟的。您（先生总是这样客气地称呼我）看上去还很年轻啊，能在中华书局跟赵先生一起工作，一定会学到不少的东西的。"他说话时声音很轻、很柔，说完后还笑眯眯地看着我。受到先生的鼓励，我便鼓足勇气，提出请他撰稿。他听后谦虚地说："我没有什么成就，不敢和先前提到的那几位相比。不过，我倒是乐于为你们的杂志写稿。我考虑好题目再说吧。"

我本以为先生答应得比较勉强，怕是不会真的动手。可没过多久，便接到了他寄来的稿子，题目是《漫谈校注〈洛阳伽蓝记〉的经过》，后发表在《书品》1988年第1期。读了该文，我们才知道，这部小书虽然只有五卷，但先生为了做好校注工作，自1943年着手，历经数年，完成了初稿。后又断断续续予以修订，直到1956年先由北京科学出版社出版。其后，又续有增改，到1963年才由中华书局出版了修订本。前后历时整整二十年，由此可见先生治学之严谨。其实，先生的这篇文章等于给那些有志于从事古籍整理的青年上了一堂生动的入门课。从此以后，我同先生的交往便渐渐地多起来了。每次到北大组稿、办事，总要抽出时间到先生的府上打扰一番。若是隔了一段没去，他还会打来电话，问我最近怎么没去？什么时候来？也有的时候，他托我买书，买好后我借便给他送去，他又总是过意不去，再三致谢。下次不等我送去，就会叫他的公子周士琦兄到我那里去取。没办法，先生就是这么客气。可我对先生就没有这么客气了，我总是想找个好题目让他给我们写稿。其实，题目早就想好了一个，谁不知道先生是治《广韵》的大家，对此用力甚多。一部《广韵校本》，经他多方搜集比勘，精心校订整理，堪称"善本"，一直为学界所称道，至今研习《广韵》者，仍不能不参考先生所著之《校本》。所以，若是能请他写一篇《我和〈广韵〉》，亲自介绍一下他研习、整理《广韵》的经过和体会，对广大爱好者肯定会大有帮助的。再有，此前我曾先后编发了杨伯峻先生的《我和〈左传〉》、陆宗达先生的《我和〈说文〉》，在读者中引起了较大的反响。而眼下这个题目，对于先生来说可谓是非他莫属。而对于广大读者来说，则又是渴望一读的。我把这一想法说与先生后，他十分高兴，表示一定会认真考虑。同时又说，该书目前正在重印，已有近三十年没有再版了，最好等书出来后再写。先生言之有理，我也只好静候佳音了。由于很想得到先生的文章，记得他编的《唐五代韵书集存》已经出版了，便又提出可否先就这部书写一篇介绍文章？他当即应允了。过了不久，我便收到了他寄来的《唐五代韵书的汇集和考释》一文。虽然很高兴，但我心里一直惦记着那篇文章，真是得陇望蜀。生怕先生诸事繁忙，一时想不起来写了，于是便搞点旁敲侧击的小动作。其实，先生是一个很守信用的人，不劳我多说，几个月后，他便将《我和〈广韵〉》一文写好寄来了。楚图南先生在读了这篇文章后曾当面对我说："周祖谟先生为了校订出一个好的《广韵》本子，先是搜集了那么多的版本，然后又进行了大量的校勘、改正工作，终于整理出了现在这个本子。这中间包含着作者多少辛勤的劳动啊！真是不读不知道啊！"楚老的话道出了广大读者的心声。

周先生虽然是学术上卓有成就的大家，但在我和他的交往当中，未见到他摆过什么名家的架子，尽管原先听到过这方面的传闻。我去拜访先生，多数情况下事先根本没有打招呼，他也总是热情欢迎，让老伴沏茶倒水。坐下后，便向我询问工作上的一些情况和中华书局的出版现状，特别是最近又出版了什么新书？总忘不了顺便问问他所熟悉的局里的一些同志的近况。给我的感觉，他是一位礼数周全、温文儒雅、和蔼可亲的长者。

不仅如此，他对编辑工作也是十分尊重的，不像有些名人，不同意编辑改动他们的稿子。这里我想以他给我的两封信为例加以说明。其一是他在写好《唐五代韵书的汇集和考释》一文后寄我时写道："遵嘱写一有关《唐五代韵书集存》的文章，不知适用否？您还有删改权，不

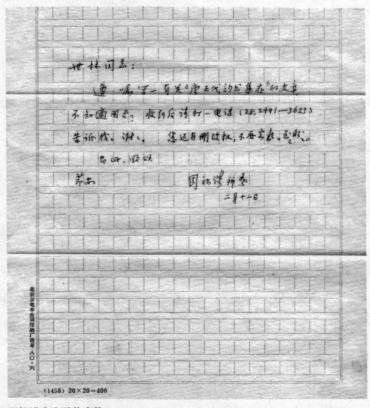

周祖谟先生致作者信

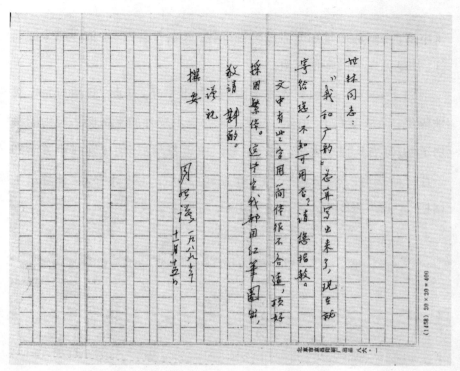

周祖谟先生1989年11月15日致作者信

要客气。至盼。"另一信写道:"《我和〈广韵〉》总算写出来了,现在就寄给您,不知可用否?请您指教。文中有些字用简体很不合适,顶好采用繁体。这些字我都用红笔圈出,敬请斟酌。"这两封信反映了先生对于编辑工作的尊重、理解和支持。

　　还有一事颇能说明先生待人之热情和诚恳。我早就听说先生的书法甚好,只是从不轻易许人。我自认为和先生比较熟了,便有些不知深浅,竟在一封信中向先生提出了这一不情之请。没想到,没过多久,便收到了他的信,打开一看,是先生手书的一首唐诗并题名送我的。这真让我喜出望外。看来传闻与事实总是有出入的。

　　1992年年底,我调入国家古籍小组办公室工作,因忙一直未能去看望先生。其后,先生也由中关园迁入了朗润园。搬家后,他即给我打来电话，将新的地址和电话号码告诉我，并嘱我去做客。惜一时未能前往，却足见先生的深情厚谊。

　　过了一年多，没想到先生竟因病与世长辞了。从此，我便与先生天地隔绝，无从谋面了。虽然，先生的家早已由校外的平房搬入校内的楼房了，但每当我想念先生，便会下意识地想着，我该怎样穿过中关园那一片红砖楼房，然后顺着小路右拐左转，最后，推开280号院外那扇木栅栏门，叫一声"周先生"，进入房中，与先生攀谈了。

　　　　　　　　　　1995年9月15日夜初稿，2008年9月18日夜改定

杨志玖（1915—2002，南开大学历史系教授）

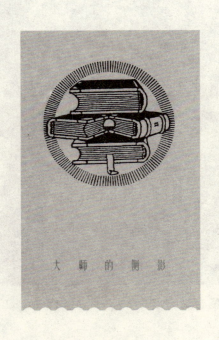

大 師 的 側 影

老而弥坚的杨志玖先生

　　我和杨先生是在上个世纪80年代就认识的了,那个时候我在中华书局工作,后来我去了古籍小组办公室,他又为《传统文化与现代化》写稿子。90年代后期,在我组编《学林春秋》和《学林往事》两部大书的时候,又得到了先生热情鼓励和积极的支持,他先后为两书撰写了《我和〈马可波罗游记〉》和《回忆向达师》两篇文章。而在学术界谁都知道先生是研究蒙元史的大家,所以我最初给他出的题目就是《我和元史》。但不久就接到了他的回信。在信中他先是说:"近年来元史学界,人才辈出,如北京之蔡美彪、陈高华、周良霄,内蒙之周清澍、亦邻真,南京大学之陈得芝,杭州大学之黄时鉴……,他们的成就更在我之上,尤其是陈得芝更令我折服。我实在不敢侈言如何治元史了。"由此可见先生谦虚之美德和对学术界人才辈出之喜悦。接下去说:"这两年由于一英国学者著书否定马可波罗来华,我应一些记者之邀,重理旧业,重读马书,自觉较前有所收获……拟写《我和(或与)马可波罗研究》,不知符合要求否?"这便是先生改变题目的原因了。

　　1998年10月6日我去南开大学拜访先生，他见到我非常高兴，说："你还是十年前来看过我，如今我已是八十多岁了，身体是大不如前了。"我见先生精神尚好，只是腰更弯背更驼了。我问他近来又在忙些什么？他说："还是在搞马可波罗学研究。主要是恢复对'马学'的研究。其根本原因就是那个叫伍德的英国人写的那本专著《马可波罗到过中国吗》，她完全否定马可波罗到过中国的事实。我为了驳斥她的说

杨志玖先生1997年10月29日致作者信

杨志玖先生 1999年
2月27日致作者信

法，接连写了几篇文章，通过大量的事实证明马可波罗的确到过中国。尽管伍德博士的书观点颇新，赢得了世界上一些研究中国这一段历史的学者的赞同，但她对中国古代历史，特别是对中国的元史不怎么了解，所以，她的书中主观臆测的成分太多。对此，我根据大量的史实，予以驳斥。这不是一个小问题，我今后还要对此继续研究下去。"这就是杨先生的学人本色。我又问："除此之外，您在写作上还有什么打算？"

"还有些文章是答应写的，主要是考据方面的，因为跟老师向达他们学的就是这一套。我老家是山东淄博附近乡下的，由于家贫，上学读书完全靠借钱欠债。而如今老了，还欠债，欠的是文债，也得还呀。只是现在老了，眼睛有病，一只眼看不见了，每天不能写太长了。"

看得出，先生的工作安排得还是够紧的，尽管有些无奈，但中国的老一辈知识分子大都如此。

《学林春秋》（中华书局1998年版）出版后，他在接到样书不久就给我写来一信。在信中除了给我以鼓励之外，还托我给他在京的一位朋友寄去一部。原来就是这位朋友最初把伍德的英文原著寄给他的，使他得以了解此事，并写出驳斥文章的。在这之后，他们成了好朋友。

从这里，我们又可以看到杨先生是一个很重情意的人。我虽然跟他接触不算太多，但他待人真挚、热情，特别是在工作上给予我极大的帮助和支持，这些都令我终生难忘。

2008年11月10日夜写于京北传薪斋

任继愈（1916—2009，国家图书馆原馆长）

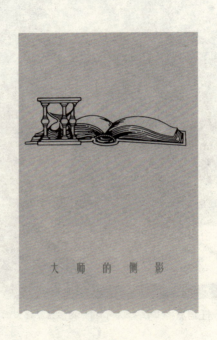

大 师 的 侧 影

任继愈先生帮我组稿

在认识任继愈先生之前，我先认识的是冯钟芸先生。上大学三年级的时候，冯先生开设了"杜甫选修"课，我选了这门课，还就"杜甫与李白的关系"在课下请教过她，得到了她的指教和鼓励。从那时起，我就认识了冯先生，但并不知道她的老伴就是任继愈先生。直到我进入中华书局工作，去任先生家组稿时，又见到了冯先生，才知道了他们的关系。从此，我每次去都会受到他们两位的接待，还可以同他们谈天说地。自冯先生去世以后，我就更加怀念同他们二老在一起时的情景。下面就将我同他们交往中的一些事情做一简单介绍。

由向先生约稿到先生代我组稿

1987年中华书局正在出版《中华大藏经》（汉文部分），这部巨著是由任先生担任主编的，因此，我便以《书品》编辑部的名义致函先

任继愈先生1988年1月5日
致《书品》编辑部信

生，想请他就此写一篇文章具体介绍一下。不久接到了他的回信，告诉
我因工作的原因（先生那时已担任北京图书馆即后来的国家图书馆的
馆长），不能如期交稿。但这篇文章很重要，又非先生莫属，于是我再
次给他写信，没过多久就收到了他寄来的稿子，题目是《关于编辑〈中
华大藏经〉（汉文部分）的意义》（见《书品》1988年第2期）。由此，我
开始了同先生的直接交往，主要还是向他约稿。他也确实应我之约，写
了一系列的文章，如《我与〈中华大藏经〉》，收入由我主编的《学林春
秋》一书中（中华书局1998年出版）；《汤用彤先生的治学》，收入由
我主编的《学林往事》一书中（朝华出版社2000年出版）；《抗战时期

西南联大散记》，收入由我主编的《大师的风采》一书中（即将由中华
书局出版）。因为跟先生比较熟了，在组稿的过程中，我常常会征询他
的意见，如哪篇文章由谁来写合适？先生就会帮我积极的想办法、出
主意，甚至代我组稿。我在组织《学林往事》的稿子时，除了向他约稿
外，还提到找不到合适的人写介绍丁声树的文章。他听后说："写丁声
树最合适的人就是张政烺和马学良，他们和丁是史语所的同事，但现
在他们写不了了。这样，只有请社科院民族所的金有景来写了。金原为
南方一青年，喜欢语言文字研究，虽未入过大学正规学习，但却在《语

任继愈先生1998年10月
19日致作者信

文》杂志上发表过几篇文章，被丁先生看中，调入了语言所，与丁在一起工作了多年，视丁有'知遇之恩'，他对丁的情况比较了解，可以请他写。"

说过之后，他又直接给金去信，代我组稿。就这样，金先生写了《丁声树先生的治学精神与人格魅力》，弥补了缺失。

我为二老出书

2001年我在主编"名家心语"丛书时，马上就想到了他们二老，我认为这套丛书中应该收入他俩的著作。于是，我便去看望他们，把我的这一想法讲给他们听。他们听后，对我的想法颇表赞成。最初，冯先生似乎还有些顾虑，我说这次一定要给您出书，已经编好的有何兹全、郭良玉二老的书，计划编的还有周有光、张允和二老的书，所以您不要再有什么顾虑了。就这样，冯先生开始认真编写自己的书。她从几十年的撰述中精心挑选了十一篇颇具分量的文章，又亲笔撰写了《奶奶》、《父亲》、《四姑》三篇新作，首次比较详细地介绍了冯氏家族中的几位重要人物，这样合为一集，取名为《芸叶集》交我出版。同时，任先生也十分重视，除了选取若干不同时期发表的文章外，又新补写了一些文章，都为一集，定名为《竹影集》交我出版。为了能让他们二老尽快见到两书的出版，我抓紧班上和业余的时间，以最快的速度，在2002年1月将新书送到他们的手中。我至今还清楚地记得，冯先生拿到新书时是多么的高兴，她一再夸奖我："书出得又快又好，我真的没有想到。"之后，她买了好多书分送亲友。一次，袁行霈先生对我说："你给冯先生出书真是太好了，她特别高兴，送给我们北大好多老师。"说心里话，我也为此感到特别高兴。遗憾的是，没过几个月，她老人家就因心脏病突发而离开了我们。但我想，这本小书会给她带去一丝的慰藉。

听二老聊天

平时去看望他们，除了谈工作以外，总会和他们二老聊一会儿天。记得我曾说到社会上存在的一些腐败现象，特别是教育界和学术界出现的一些不正之风。每到这时，冯先生总是颇为愤慨，她说："我们那时在西南联大读书时，条件多么艰苦，可大家却勤奋读书，认真学习知识，没有人因为艰苦而放弃学习，更没听说过有人抄袭别人的东西。现在生活条件比过去好多了，学生可以安心学习，老师可以安心教书，但为什么却会出现学生雇人考试，老师抄袭别人的东西呢？真是太不应该了。"冯先生是一个很儒雅的人，她说太不应该了，已经是很重了。这时任先生就会说："当今，在西南联大读过书的人剩下的已经不多了。除了我们俩，北大还有田余庆，国外的就是杨振宁等。其实，西南联大的精神是值得我们认真总结和借鉴的。"我想二老的话是对的，这是他们亲身经历过的。

当然了，他们有时也会给我介绍一些过去发生的人和事。一次，任先生同我说到了张政烺先生，他说："张先生的一个特点就是惜墨如金。其实，他有很多东西应该写出来，可惜，他没有写，现在身体不好又不可能写了。他的学问最博，待人又最宽厚，毫无城府。有些学者自己要写的东西，在没有写出来之前，是不会向别人道及的，而张先生则不然。过去我们同在史语所时，丁声树先生就说过这样的话：'你如果要想在学术上偷些东西，就可以去请教张政烺先生，他会把自己在学术研究上的构思、想法连同资料都一股脑儿地告诉你。'他就是这样一个人。他看过的书太多了。傅斯年先生很赏识他，他大学毕业后，傅就委派他负责为史语所购书。那时候法币天天贬值，傅就直接把黄金留给他用来购书，可见对他的信任。通过购书，张先生接触到许多古籍的不同版本，而且他都读过。"

听他们二老聊天，真是我的福气。可如今冯先生却走了，留给我的是对这一段交往的无尽的回忆。

写于2009年1月5日夜

赵俪生（1917—2007，兰州大学历史系教授）

大 师 的 侧 影

性格耿直的赵俪生先生

我没有见过赵俪生先生，而且今生今世也见不到他老人家了。没有见过，怎么知道他性格耿直呢？虽然没有见过，但却与他老人家有过十多年的交往，主要是通过书信的形式，我手边保存有他给我的多封信件。从这些信中我可以清楚地认识到他那耿直的性格。顺便说一句，我手边保存着同许多老先生的通信，赵先生的信独树一帜，真可以说是"信如其人"。相信大家读过之后，会同意我的判断的。

我是由谁介绍同先生认识的，现在已经记不清了。但有一点是很清楚的，就是在1997年，我在紧张地开始组编《学林春秋》一书时，给他去信，向他约稿，之后便建立起了比较密切的书信联系。我在向他约稿时，顺便把我那时负责编辑的《传统文化与现代化》杂志给他寄了几本。一般而言，接到的人都会夸赞几句，不会认真地评论一番。而赵先生则不然，他在给我的回信中却发表了这样的意见：

> 《传统文化与现代化》是一本高规格的刊物。最初读了，感到气魄很大，非区区所敢厕身。……接连几期，看到李慎之的大文。

李慎之何许人也，过去一直不知道。第一篇文章印象很好（《什么是中国的现代学术经典》，1998年第3期），最近一篇捧王学泰（《发现另一个中国——〈游民与中国社会〉序》，1998年第5期）捧得有点过头了。王不过想以"游民"出奇制胜、哗众取宠而已。观其以提高生产改善生活为"革命"标准，不以流血为标准，就是一个明显的非历史主义观点。因为"生产标准"是邓以后的，而"流血标准"是邓以前的，拿"以后"标准来评说"以前"，将置"有之，请自嗣同始"于何地哉？！以弟看，这种文章只有拿来当"影射史学"看，也许还有点意思。如彭总说操娘三天和操娘一天，就是"游民话"、"痞子话"，这一点是影射对了。总之，王学泰的研究是"走偏锋"的，不可为训，不可像李慎之那么"捧"法。至于杨志玖，他是淄博人，和我同岁。什么"昼寝"、"画寝"（《"宰予画寝"说》杨志玖撰，1998年第5期），实在没有文章做才做这样的文章，实在没有文章登了才登这样的文章。

这就是赵先生，他就是这么一个耿直的人。他对事情有看法，就一定要说出来，而且是直截了当地说出来，决不藏着掖着，更不会拐弯抹角。当然了，他也不会考虑对方好不好接受。就说我吧，好心好意给他送上杂志，他却来了"实在没有文章登了才登这样的文章"这么一句，把我也直接捎了进去。但说实在话，我看了以后，一点也不生气，只觉得这位老先生性格很突出，很直率，反生出钦敬之意。有时即便他是为了夸奖你，但同时也不会忘记指出还存在的问题和自己的看法。请看下面这两封信：

在第一封信中，他对《学林春秋》初编、二编、三编的出版表示了由衷的祝贺，但紧接着就明确指出："三部比较来看，以初编最好，二编人挺乱，文章也挺乱，到三编又好起来。"

赵俪生先生2000年元月20日致作者信

　　在第二封信中，他对《学林往事》三本又直接发表了自己的看法，认为有的写得好些，有的写得差些，有的真糟糕。同时还指出编校方面存在的一些问题。我认为赵先生是一个很认真的人，要不他怎么会发现这些问题呢？又非要明确指出不可呢？我的理解是：他希望我能把书编得更好些。为此，我应该感谢他老人家。

　　我和他一直保持书信联系，主要目的还是为了向他约稿。大约是在2005年，我当时正在主编一套学术丛书"名家心语"，已经出版了若干册。接下来我又想到了赵先生，急忙给他去信，说明我的想法，并再次向他约稿。同以往一样，他回信大加赞扬，表示尽快交稿。虽然他那时身体一直不是太好，毕竟已是快九十的人了，但还是勉力编好了《桑榆集》寄我，这时已是2006年的年初了。我本和先生说好，准备在2007年出版，以庆祝他的九十华诞。但哪里会想到，2006年的4月初，我因工作需要被紧急派往香港。这一下，原来的工作计划全都打乱了，我根本无法按计划编辑《桑榆

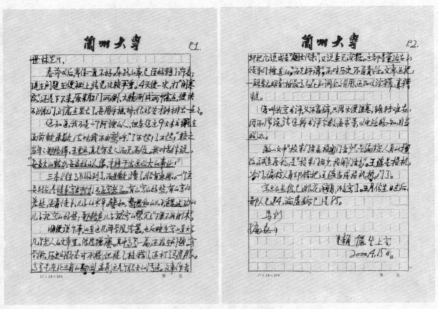

赵俪生先生2000年4月15日致作者信

集》了。尽管我利用几次回京的机会，抢时间排出了校样，并将二校样寄给先生过目。但终因各方面的原因，未能按时出版。这实际上已成了我的一块心病。所以自今年5月我由香港调回来后，赶紧着手编辑工作，同时联系先生准备签订合同。可他的家人却告诉我，先生已于2007年11月去世了。这消息给了我重重的一击！我对不起他老人家，答应他的事没能办到，辜负了他的期望。我真的好后悔、好自责。我这样的工作态度，先生要是还活着，一定会不客气地批评一番。我已经习惯了先生的批评，因为其中寄予着他对我的鼓励和期待。

如今，《桑榆集》即将出版了，我把它看做是对先生的回忆和纪念。

2008年11月10日夜写于京北传薪斋

饶宗颐（1917年生，香港中文大学中国文化研究所教授）

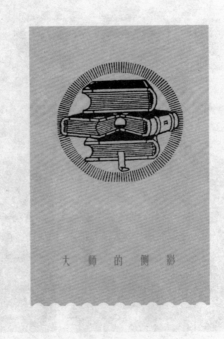

大师的侧影

温文儒雅的饶宗颐先生

　　1993年我去香港访问时，曾专程赴香港中文大学拜访过饶宗颐先生。我那时刚刚调入国家古籍整理出版规划小组办公室，而饶先生是古籍小组的顾问，我去看望他老人家还有一个目的，就是为《传统文化与现代化》杂志约稿，我在小组负责编辑该杂志。从此，我便同先生建立了联系，他亦开始为我刊撰稿。

　　1997年，我在主编《学林春秋》一书时，想到应该请他写一篇谈自己治学心得和经验的文章收入书中，于是，我便写信给先生，谈了我的想法和请求，希望能够得到他老人家的帮助和支持。很快，便接到了先生的回信，除了支持我的这一想法外，还同我商量文章的题目。我把我的考虑提供给他后，他表示赞成。我知道他的事情太多，为了能够尽快拿到他的大作，我只得接连去信，催问稿件。我这样做，先生还是理解的，特回信予以明示。按说先生都已经动笔了，我应该放心了，可是一天没拿到稿子，我就一天也放不下心。借着新年来临之际，又给先生寄去了贺卡。过了一段时间，便接到了他寄来的稿件和回信，我心里的这块

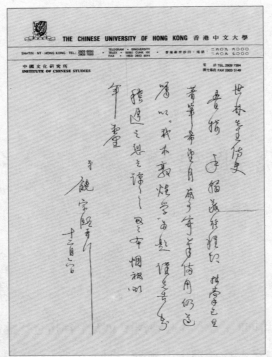

饶宗颐先生1997年12月6日致作者信

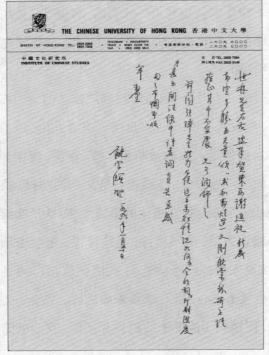

饶宗颐先生1998年1月20日致作者信

石头总算落了地。因为中华书局出版的《学林春秋》虽然收有四十篇文章，但来自香港的只有先生这一篇。

　　第二次和先生见面好像是在1998年，那次他来北京出席在历史博物馆举办的"饶宗颐书画展"，我和他只是匆匆见了一面，未及多谈，因为在他身边围着许多人。

　　第三次和先生见面是在2002年，那一年我去香港参加7月的书展，去前季羡林先生托我给饶先生带去他签名的新作《千禧文存》。到港后，我抽暇和先生联系，提出希望能在他方便的时候去拜访他。他听说我来了很高兴，约好第二天的下午到他在跑马地的家中见面。那一次我们一共去了四个人，先生客气地把我们让进他那不大的房间，他的老伴过来给我们一一倒茶。我说："有好几年没有见到您了，我已经由中华书局调入新世界出版社工作了。"听我这么一说，先生忙接过话去："你

饶宗颐先生与作者合影

不在中华书局工作了，新世界出版社都出版些什么书啊？"听见先生的问话，与我同去的杨雨前社长向先生做了介绍，我随即拿出了季先生托我转交的书，说明这就是我社新出版的书。他接过书，仔细地翻看后，说："书出得很好。季先生是我的老朋友，他来香港、我去北京我们都要见面的。你回去后代我谢谢他。你寄给我的《学林春秋》都收到了，编得很好。"我们和先生聊得很开心。临别时，我提出想和他老人家照张相，他愉快地答应了，分别和我们大家合影留念。

　　这些年来，虽然和先生的交往不算太多，但得到的帮助还是不少，我请他写的文章和题词都一一得到了满足，至今，在我的书房里还高挂着他老人家为我写的一副对子。

2009年元月元日夜写于京北传薪斋

刘叶秋（1917—1988，商务印书馆编审）

大 师 的 侧 影

我和刘叶秋先生的一段交往

　　手头上的这篇文章，让我感到格外的沉重，作者就是刚刚故去的商务印书馆的老编辑、著名学者刘叶秋先生。他走得是那样的突然，我怎么也不能相信。就在6月17日的上午，我如约来到楼上先生的办公室。当时中华和商务两家出版社在同一栋楼里办公，来往十分方便。他见我来了，先是微笑着从桌上拿起一篇稿子递给我，接着又拿出一幅字，轻声地说："不仅稿子给你写好了，答应给你的字也写好了。这上面写的是我五十年前，即我21岁时写的三首绝句中的一首，我认为这首最好，现在将它抄录给你。"我当时站在那里，不知道该说什么好了。除了谢过先生，便紧紧攥着稿子和字，欢天喜地地下楼了。哪知道，仅仅六天后，即6月23日的上午，我一进大楼，便看到了先生的讣告，那上面说先生因心脏病猝发而溘然长逝。我呆呆地站在那里，这怎么可能呢？六天前，他不是才赶写完那篇文章亲手交给我的吗？如今竟天地永隔，再也见不到先生了。想到这里，我的眼睛有些模糊了。之后，我每一念及先生，就会拿出那篇文章和那幅字静静地看上一看，眼前就会浮现出先生那温文儒雅的笑容。

　　记得是今年的3月初，我到四楼去拜访先生，想请他就中华书局出版的《夷坚志》一书为《书品》杂志写一篇评介文章，因为先生不仅是汉语辞书编纂方面的专家，还是专门研究我国古代笔记小说的著名学者，曾出版过《历代笔记概述》和《魏晋南北朝小说》等具有开拓性的专著。同时还在南开大学中文系任教授，带研究生。他问明我的来意后便爽快地答应了。"前几期《书品》我都读过了，你们办得不错。文章虽不长，内容却较精，既有一定的学术性，又兼有知识性和可读性。我得按着你们这个套路去写，这并不容易，要让我考虑考虑。要的不急吧？因为我手头还有一些别的事，也催得比较紧。"

　　作为编辑，我当然希望能早一点拿到稿子，于是赶忙说："您最好能先给我们写，下期还等着发稿呢。"

　　他一听便笑了，"都说急，那好吧，下个月交稿。"

　　可一个多月过去了，我一直没有见到过先生。一打听，才知道，前不久他在电车上摔了一跤，骨头虽然没折，但右胳膊震了一下，医院给打了绷带，抬不起来了。我想去看看先生，却一直没有抽出时间。

　　又过了一个多月，是5月下旬的一天，我到楼上去办事，路过先生的办公室，见门开着，进去一看，先生来了。他见是我，便笑着说："很抱歉！前些日子我胳膊摔了一下，无法握笔，你要的那篇文章没能写出来。不过，我已经考虑好怎么写了。"

　　"您快别说这事了。胳膊现在好了吗？以后坐车您可得小心点了。先好好休息休息，别的事放放再说。"

　　"已经好多了，没有伤着骨头，现在基本上都恢复了。"说完，他还抬动胳膊给我看。"我除了这次摔了一下，以前就没得过什么病。"先生还颇为自负地补了一句。这时有人来看望他了，我便告辞了。

6月10号那天的上午，先生打电话叫我上去。我进门一看，他正伏案写字呢。案子上已经放着两幅写好的了。

"您胳膊完全好了？"

"全好了，这不又能写字了。你看这条写得还可以吧？"

看着先生那飘逸、隽永的字体，我认真地说："您写得太好了！我以为，这同您的学术功力是密不可分的。"

听我这么一说，先生很高兴，"现在社会上有些人写了几个字，便自封为书法家。其实，写字是要讲功力和修养的，缺了这两条，是写不出好字的。"

我一边听先生说，一边欣赏着案子上的那两幅字。见状，先生便说："你若喜欢，我过些天也给你写一幅。"

我听了，真是喜出望外。因为常见他在办公室里给人写字，便问道："您好像常在办公室里给人写字？"

"是啊！办公室宽敞，桌子也大。我家太小，这样的桌子根本放不下，只好来班上写。"我听了真不敢相信，像先生这样著名的编辑和学者，住房条件竟会这么差？（后来在底下听别人讲，他住的那间房是自己加盖出来的，权充书房和卧室，只有两点七平方米，放一张单人床以后，就放不下什么东西了。先生就以"两米栖斋"来命名这间斗室。）

"不过，厂桥那里的新房子就快盖好了，等搬过去以后，就可以在家写字了。"面对先生这种豁达乐观的心态，我心里有些不是滋味。但了解他的人都知道，他始终都是以这种心态来对待生活的。

最后，他对我说："今天叫你上来，是想同你商量一下，那篇文章能不能容我到8月底前交稿。我这一病，好多事全拖下来了，其中有些是早该交出去的。这几天只好先赶一赶了，很对不起了。不过，你的那篇，我腹稿已经打好了，忙过这一阵子马上就可以写出来。"

听先生这么一说，我忙回答："您别着急，我不会催您了。一切还是以身体为重，千万别累着。"

他听后宽心地笑了。临分手时，还补了一句："我8月底前一定交稿。"

6月17日早上我一来上班，同事便对我说，商务的刘先生刚才来电话，叫你来后到他的办公室去。我不知道有什么事，赶紧上楼。一进屋，他便站起来说："上次回去后，我怎么想都觉得不该把给你的稿子再往后拖了。原本答应5月交稿，现又要拖到8月，怕耽误了你发稿。于是回去后，抓紧时间先把这篇写出来了。你看看合不合用？另外，答应给你写的字，我也写好了，请你指正。"先生待人真是宽厚中和、有情有意。我拿着这两样东西感到沉甸甸的，一时不知说什么好。可谁能想到，这竟是我见到先生的最后一面。

不久，先生的遗作——《荒怪之外，每涉世情——读〈夷坚志〉散记》（《书品》1988年第4期）就要同广大读者见面了。我想，先生的灵魂早已从那斗室中解脱出来，去拥抱祖国那广袤的大地。我仿佛看见他又在远远地望着我们大家微笑着。

1988年8月15日初稿，2008年8月31日夜改定

李慎之（1923—2003，中国社会科学院原副院长）

大 师 的 侧 影

启人心智的李慎之先生

　　李慎之先生不仅是一位学者，还是一位思想家，一位有着光荣革命斗争经历和真知灼见、思想深邃的思想家。能和先生相识实在是我的荣幸，我是在编《传统文化与现代化》期间认识他的。他写来的文章是那样的与众不同，如《全球化与中国文化》（见1994年第4期）、《中国哲学的精神》（见1993年第2期）、《泛论"天人合一"——给李存山同志的一封信》（见1995年第2期）、《接着讲　借着讲　通着讲——我们向冯友兰学习什么》（见1996年第2期）、《为探索中国现代化而奋斗——朱高正〈纳约自牖〉序》（见1998年第1期）、《什么是中国的现代学术经典》（见1998年第3期）、《发现另一个中国——〈游民与中国社会〉序》（见1998年第5期）等。只要是认真读过这些文章的人，都会被先生在文章中所表现出来的那种大气磅礴、笔酣墨畅的风格所震慑、所吸引，而统摄其中的恰恰是先生文章中所彰显的真知灼见和不同凡响。这些在我同先生的接触中，特别是他的谈话中最能体现。

关于毛泽东和社会主义

匡亚明老的《求索集》出版后，他曾嘱我送给李先生一部。我送去后，他翻看了一下，说："匡老的资历真老啊！"我说："他老人家常爱说这样一句话：真正的马克思主义者应该是这样的，走出书斋是革命战士，回到书斋是真正的学者。他老人家是真的做到了这一点，但不是什么人都能做到的。"李先生接下去说："其实从绝对意义上讲，真正的马克思主义者可以说一个没有，而相对言之，可以说每一个共产党员都是马克思主义者。社会上的激进派否认毛泽东是马克思主义者，我不这么看，我认为他是一个马克思主义者。他坚持走社会主义道路，就是为了贯彻马克思主义。现在马克思主义和毛泽东思想在西方的一些国家很流行，当然是在一些大学里。他们研究毛泽东思想，认为毛提出的'无产阶级专政下继续革命'的主张是对马克思主义的发展和贡献。任何一个国家，任何一个社会都会有官僚体制，都存在官僚现象。毛对这种体制和现象不能容忍，所以他主张下面起来造反，实际上就是无政府主义。'文化大革命'就是这种思想的产物，虽然社会乱成了那样，但他作为领袖，还能够驾驭住局面，控制得住各派的力量，换任何一个人都做不到这一点。关于社会主义，目前在全世界范围内，除了个别国家还在坚持原来的社会主义体制外，其他的社会主义国家都在实行改革，即向资本主义国家学习。社会主义国家的一个基本特征是实行'计划经济'，虽然马克思没有提出，因为他那时也不可能提出这一主张。但是，你仔细地想一想，相对于资本主义国家的市场经济和自由竞争而言，社会主义国家只能搞'计划经济'。资本主义社会经济上出现这样或那样的问题，归根结底，就是没有'计划经济'。这就像我们常说的那样，'经'本来是好的，只是让歪嘴的和尚给念歪了。当然了，理想和现实总是有一定的距离的，很难统一到一起。就资本主义制度而言，有美国、西欧和日本三种形式，相比较而言，还是美国的为好，虽然美国社会存在这样和那样的问题。"

关于"天人合一"

在1993年出版的《传统文化与现代化》的创刊号上，我们刊出了季羡林先生的大作《"天人合一"新解》，真可谓是一石激起千重浪，在一段时间内，国内许多重要学者和专家先后就这一问题撰写文章，开展讨论。李先生对这一问题十分关注，他曾对我说："张岱年先生的文章（《中国传统哲学的继承和改造》，见《传统文化与现代化》1995年第2期）很好，他的哲学底子是厚实的，只是他的文章总让人觉得有那么一点不够劲儿，说白了，就是是非观不那么清楚。你到底支持什么？反对什么？总让人看不大清楚。其实，张先生在谈到'天人合一'时先引了张载的话，继而又引了孟子的话，一下子就讲出了源头。我因为没有他那么厚实的底子，所以只引了张载的话，在这一点上我还要感谢他呢。季先生对于'天人合一'的解释，我是不赞成的，'天人合一'决不是他所说的'环境保护'，因为中国人对于'环境保护'的意识恰恰是弱的。其实这是一个哲学问题。讲到哲学问题，归根结底中西方是相通的。以儒教为例，她本身也是带有宗教色彩的。西方人信仰'上帝'，他们不管做什么事，总要先祈祷，向天上的'上帝'祈祷，以求得支持和勇气。其实'上帝'是什么？就是'天'嘛，而结局就是'天人合一'。中国人不讲'上帝’，不向‘上帝’祈祷，只向自己的内心求索。中国人不是常讲‘吾心可养浩然之气’吗？而心直接通天，天和人也是可以相互感应的。大凡学问做到底的人，都带有一些神秘色彩，因为随着研究的深入，你才会发现有些问题你是讲不出什么道理的，有些事物你还不能一下子认识清楚。”

关于“中国文化”和“传统文化”

对于什么是“中国文化”和“传统文化”的功能，李先生都有过认真的思考，并同我几次谈到这两个问题。有一次他对我说：“什么是‘中国文化’？你要问我，我就说不清楚。近些年来，看风水不仅在国内很流行，在国外也很流行，你能说这代表了中国文化吗？我看不能。你如果到过欧美国家，你会强烈地感受到异国的文化，感受到那里的人们所受到的良好的文明教育。但在中国，你会明显地感到教育的落后。其实中国的文化，在过去的一些老先生身上最能得到反映。比如说叶圣陶先生，在他五十岁左右的时候我就见过他，给我印象最深的是，叶先生是有道之士，在他身上就可以看出中国文化来。像他这样的人，在我们家乡，我上小学和中学的时候，就有一批。但现在你再看一看，这样的人太少了。再拿出版而言，过去像商务印书馆出版的《万有文库》等书，纸张、装帧都不算好，但很便宜，人们很爱读，很受益。而现在的一些出版社出的书，纸张、装帧都很讲究，动不动就是精装豪华本，可内容却没有什么实用价值。你说这能反映中国文化吗？总之，中国文化是一个很复杂的问题，需要我们认真地想一想。”

　　说到"传统文化"的功能，他明确表示："目前谈传统文化的人是不少，但他们真正懂不懂传统文化呢？有人主编了一大套的'学术经典'，并撰写了几万字的长文，大谈传统文化对中国和世界的影响。这是对传统文化的曲解。我准备写文章予以批评。还有的人说，我国古代的科技一直到了清初在世界上还是领先的。那怎么会到了1840年帝国主义的坚船利炮一下子就攻开了中国的国门了呢？我看现在对传统文化的宣传很不正常，一说传统文化好就什么都好，这实际上宣扬的是一种民族主义。民族主义不是不能提，但提得过了头就不好了。胡适先生是主张'中国事事不如人的'，他曾经列过一个表，是对中西近三百年来的文化发展做了一个对比，西方出了个牛顿，而中国在学术上的贡献与牛顿是不能相比的。其实，胡适开列的这张表还很不全面，却能说明一定的问题，那就是西方不是一下子就强大的，中国也不是一下子就衰落了。对这个问题我们必须要有清醒的认识。你们的那个刊物（指《传统文化与现代化》）我认为办得还不算好，文章与刊名不相吻合，即真正在'与'字上做文章的还没有，谈传统文化的多，谈现代化的少。原因不能怪你们，主要还是找不到能写这个题目的人，因为能真正又懂中学又通西学的人太少。钱锺书先生中西都懂一些，他应该说对这个题目能谈一点儿，但他的兴趣不在这里。另外，传统文化、现代化两者能不能结合，确实很难。你说那些写唐诗宋词的文章，如何能帮助国家实现现代化？我还看不出来。对于传统文化，我个人认为从制度建设上没有什么可取的，只能说从道德建设上可以借鉴一些。万不可以夜郎自大，一切都是古已有之，这是最要不得的。"

　　李先生的意见是很值得我们认真思考的。到底什么是"中国文化"？在中国人的身上到底还保存了什么"中国文化"的影子？"传统文化"对我们国家到底都有哪些作用和影响？是该搞搞清楚了。不然，我们到底应该继承些什么呢？又能留给后人些什么呢？

要写一本介绍周恩来的书

在同李先生接触当中，曾不止一次听他说过要写一本介绍周恩来的书。他说他同周有过长时间的密切接触，他亲身经历过很多事情，他认为周是一个伟大的人物，他确实是忍辱负重的。"我写的周和目前社会上流传的写他的书是不一样的，因为我曾近距离地观察过他，我知道他的内心。只是现在我还腾不出手来，过两年我一定会写的。"不知道有多少人在盼望着他能写出这部书来，可惜的是，他在2003年却突然因病而撒手人寰，带走了这部书稿，也带走了他本已构思好的一篇篇雄文。

2008年12月7日夜写于京北传薪斋

赵守俨（1926—1994，中华书局原副总编辑）

大师的侧影

我的良师赵守俨先生

　　每个人的一生中都会遇到一些性格各异、作风不同的领导，要是能遇上作风开明、业务精湛而又和蔼可亲的领导，无疑是一种福气。我是有福气的，在中华书局最初从事编辑工作期间，遇上了赵守俨先生。

　　1986年，中华书局创办了一个新的杂志《书品》，由赵先生任主编，我做具体编辑工作。自那以后，整整七年多，我是在赵先生耳提面命，悉心指导下从事编辑工作，并一点一点进步成长起来的。和赵先生一起工作，令我感受最深的是：他为人正派、业务精湛、作风开明、待人真挚、和蔼可亲。他对手下的工作人员不仅十分信任，注意调动他们的积极性，而且还在具体工作中出主意，想办法，帮助解决问题。

　　从《书品》创刊到1987年下半年黄克先生调走之前，我在工作上与赵先生的接触还不算太多。黄先生调走后，我记得第一次直接向他请示《书品》今后的工作时，他明确表示："《书品》前一段的工作很不错，社会上，特别是学术界对它的反映是好的，现在黄克同志调走了，你仍然负责具体的编辑工作，由我来直接抓。工作上没有过多的要求，只是希望能一如既往,放手大胆工作。有什么困难需要我解决,尽管找我。除此之外,不必事事请示。例如,外出开会或在其他场合遇有合适的作者,可以直接组稿,不必先报我,只要回来后告诉我一声就可以了。这就叫将在外,君命有所不受。"他是这样说的,也确实是这样做的。在这里我要引述曾经做过《文史》杂志编辑的吴树平先生评价赵先生的一段话:"我在中华书局时,长期领导《文史》编辑工作的是赵守俨同志。记得我曾问守俨同志,对《文史》的编辑工作有什么要求,他很爽快地说:'《文史》的每一个编辑应该放开手脚,大胆工作,不必事事报告。重要的事情,遇到了困难,可以反映。我只要求《文史》保证学术质量,使它成为学术界了解中华书局的一个窗口。'"从这里可以清楚地看出赵先生的一贯工作作风。

此后,每隔一段时间,我便根据中华书局出书统计,把要评的书开列成一张单子,上面标明哪些书已请人撰写书评;哪些书拟请什么人撰写书评;哪些书还没有请人撰写书评,然后交给赵先生审阅。他仔细过目后,除做必要的调整外,便会一一补上撰稿人名单,然后交我具体组织、落实。对于我提出的一些建议,他认为是好的和可行的,都会充分给予肯定和支持。例如:杨伯峻先生撰写的《我和〈左传〉》一文在创刊号上发表后,曾得到很多人的好评,认为由专家、学者根据自己的专长谈研治、整理、著述中的甘苦和心得,对于读者最有帮助。为此,我向他建议,应再有针对性地组织一些这类文章。他对此极为赞赏,鼓励我大胆去做。于是,我又先后约请陆宗达先生撰写了《我与〈说文〉》、周祖谟先生撰写了《我和〈广韵〉》、王锺翰先生撰写了《我和〈清史列传〉》等文章,发表后颇得读者的好评。有一位读者来信,请教杨伯峻先生"从《左传》学些什么?"赵先生看了信后,当即表示应该以此为题，请杨先生写一篇文章，公开发表。于是，他带我登门拜访了杨先生，当面约他撰稿。后来，在1988年第1期上刊出了这篇文章。

当然，对于我的建议，赵先生也有不赞成的。《书品》是专门评介中华版图书的学术书评刊物，但在办刊过程中，我们常常收到一些评介其他出版社图书的文章。为此，我考虑应该扩大评介范围。这样既可以进一步扩大《书品》的影响，又可以拓宽稿源。我把这个想法同赵先生谈了，以为他不会反对。谁知他听后却说："《书品》的评介范围之所以限定于中华版图书，是为了真正发挥其品优评劣、评头论足的特色。自己评自己，说好说坏都可以，不至于闹出什么矛盾。而对于外版书，说好、摆功固然皆大欢喜，谈不足、挑毛病必然引发出一些问题，以为是中华书局在挑人家的毛病。这个分寸我们不好把握，一旦出了问题也不好解决。记得钱先生（钱锺书）说过这样一句话，做广告的都是宣传自己的产品如何如何的好，而没有一家说别人的产品如何如何不好，来反衬自己的好的。所以，扩大评介范围一事先暂且不提为好。"其实，他的态度已经很明确了，是有一定的道理。但是，后来为了此事，我还曾向他陈述过我的看法。可他始终认为书评界气氛不正常，不肯同意扩大范围。

虽然赵先生不同意扩大范围，却对扩大稿源一事极为关注。有一次，他把我叫去说："我不赞成评介外版书，却赞成扩大稿源。目前《书品》上发的文章，多是围绕着一本书的得失来谈的，这固然是我们这个刊物的一个重要内容，但不能千人一面，全都如此。我想可以引申一些，请人写些读书札记、读书心得的文章，只要和本版书有关就可以了。这样一来，不也可以扩大稿源吗？"他想得还是很深很细的。按照他说的，我向四川大学的缪钺先生组来了《谈〈靖康稗史〉》一文。此后，他亲自点将组织这方面的文章，从而拓宽了稿源，丰富了刊物的内容。同时，他还针对那一时期中华书局先后出版了一批重要丛书，指示我应该注意加强对于丛书的宣传和评介，并身体力行，先后撰写了《〈古逸丛书〉今昔谈》、《随笔和〈唐宋史料笔记丛刊〉》、《〈二十四史研究资料丛刊〉的回顾与建议》及《学术笔记的整理出版与评议》等文章。在他的带动下，我们组织发表了一批评介丛书的文章，得到学术界和读者的好评。

赵先生作为主编，对自己的要求是很严格的。在我的印象中，他从未塞发过一篇人情稿。他的朋友、扬州师院祁龙威教授寄给他的文章，他总要先交责任编辑审阅，再请李侃先生定夺或发表自己的意见。即使是他自己撰写的文章，也总要在文章前面加一纸条，写明："我写了这样一篇评介文章，请审查《书品》是否能用。"相反，对于有的作者写来的商榷与指出不足的文章，其中直接涉及到他本人的，当我拿不准，向他请示时，他却会实事求是，秉公处理。例如：刘真伦同志就赵先生点校整理的《朝野佥载》一书写了《〈朝野佥载〉点校本管窥》一文，对书中存在的一些问题发表了自己的看法。赵先生看了我转给他的文章后，直接写了个意见给我："此文写得很扎实，《书品》应多发表一些这样的文章。虽然有的问题还有待进一步研究，但作者持之有故，言之成理，确是下了功夫的。应当采用。"这就是身为主编的赵先生所具有的胸怀。

1992年，熊国祯先生出任《书品》副主编，赵先生对他的工作是完全支持的，除指示我今后要将有关哲学和语言文字方面的稿子交由熊先生最后阅处外，还要我日常工作中有事可直接向其请示，不必等他本人来。同时，还特别指示我要在杂志的封底上加上"副主编熊国祯"一行字。提到署名一事，听赵师母后来讲，赵先生在临终前曾为《书品》没有署上责任编辑的名字一事而自责，认为是他的一大疏忽。原因是他看到我后来负责编的《传统文化与现代化》杂志上每期都有责任编辑的名字。其实，我又哪里会去计较这些呢？能与赵先生一起工作，本身就让人感到很愉快、很满足了。

赵先生家学渊源，学养深厚，是我国著名的古籍整理专家，曾实际主持了点校整理二十四史和《清史稿》重大文化工程的出版工作。和他一起工作，使我受益匪浅。我在点校《分甘馀话》的过程中，遇到一些把握不住的地方，便向他讨教。他除了不厌其烦地帮我解决问题外，还指导我应当查看哪些书。当我全部点校完后，他还特别嘱我把全部稿子连同前言一起给他过目。他不仅帮我改正了稿中的一些错误，包括对每一段的标题也做了修改，并就"前言"的写法提出了许多宝贵的意见。现在，我每每念及此事，都更加深了对先生的怀念和敬重。

说到赵先生的为人，给我感触最深的还有下面这样几件小事。一次是我们一起坐车去看望启功先生。此前，听书局里的人说，他和启先生的关系可不一般。车出了大门，他说要给启先生买点儿点心，我说那就去"稻香村"吧？他却说不去那儿，过去老北京人都喜欢吃京味点心，要到专门卖这类点心的老字号点心铺里去买。于是，他带我们来到东直门外一个不太显眼的点心铺里，进去一看，里面挂着好几块老招牌。他在这里先给启先生选装了两盒点心，然后又给我和司机各买了一包，非让我们带回去尝尝。

在去的路上，他问我："启先生有没有给你写过字？"

我说："没有。去过他家几次，总见到一拨又一拨的人缠着他写字，我在一旁见了于心不忍，不愿再给他老人家添麻烦了。"

　　"是的，我与启先生关系不错，但很少去看他，更很少求他写字，怕给他添乱。不过，中华书局许多人都有他的字，因为他对'中华'的人有特殊的感情，你在适当的时候请他写字，他是一定会给你写的。我不便代你求字，却可以给你创造机会。"说着话，我们已经来到了启先生的家。尽管这次来是早已约好了时间的，但屋里还是坐了不少的客人。启先生的家里总是那么热闹。

　　过了些日子，一天下午赵先生把我叫到他的办公室，拿出两瓶茅台酒和一封信，说："这是人家酬谢启先生的，你给送去吧。我已经在电话里跟他约好了。"我明白先生的好意，拿上东西就奔启先生家去了。但到了那里，屋里已有客人，启先生正在桌前给来人题写校名呢，让我先坐下。我屁股还没坐稳，接连由外面又来了两拨不速之客，都是通过熟人介绍来求他写字的。我见状，想起启先生以前对我说过的那句话："这些强让我写字的人，都不理解我。"我想赵先生是理解启先生的，我也应该理解启先生。于是，忙把东西和信交给他便告辞了。

　　又有一次，编辑贾元苏生病住院了，赵先生知道后要我陪他去医院探望。出门后，他说要买些水果。我们先来到附近的灯市西口副食店，他一看说这里的水果没有"稻香村"的好。我们俩又走到灯市东口，他捡好的买完后，我们又乘电车赶到东四隆福医院。当时他的哮喘病还在犯，我陪他慢慢爬上四楼，中间还歇了一会儿，看望了小贾。

　　赵先生是第七、第八届全国人大代表，每次参加会议，时间不好固定，司机有时要早接一会儿，或晚回去一会儿，这本来是很正常的事，但他心里总是过意不去，非要送给司机一点礼物表示谢意。可他送给你东西行，你要是给他买东西，他可不高兴。

　　1993年年初，当时赵先生已经生病住进了医院。我那时正好去香港参观访问，在港时巧遇他的公子赵珩兄访问台湾回大陆途经香港，告诉我明天就走。我问他有什么事情要办，他说："我爸上次来香港，特别喜欢吃这里卖的一种盒装的速溶米粉，我来不及给他买了，就托你给他买些带回去吧。"回京后，我把米粉送到先生病榻前时，他却责怪我不该给他买东西，并一定要把钱给我。

我和赵先生一起工作感到心情很舒畅，因为有什么意见和想法，不管是为公还是为私，都可以毫无保留地向他倾诉。他不仅耐心地听，还会帮你分析，出主意。你可以直接感受到他的真诚。当时他是每星期三的上午来局里办公，我总要到他的办公室去聊上一阵子，谈完公事，又谈些其他的事。有时一直谈到他该走了，他便会说："这次先谈到这里，下次再说。"我便会耐心地等上一个礼拜。令我终生难忘的是1994年4月12日，那天下午三点左右，我和几位同事又去医院看望他。此前，听说他的情况很不好，我便在心中默默地为他祈祷，希望他能战胜病魔，回到我们中间来。当我来到病榻前时，他睁开眼睛看到是我，便清楚地对我说："这次不能同你讲话了，下次。"我多么希望有下次啊！可万万没有想到，他第二天就永远地离我们而去了。七年来，我已经习惯于等待了，等到先生下次再来。可这一次，他虽同我讲好下次再谈，我却不知要等到何时，到哪里才能找到他了。我为"中华"失去先生这样的领导和良师而痛心疾首，又为能和先生一起工作这么长时间，谈过那么多次的话，受过那么多的教诲而深感荣幸。我是幸运的，是先生指导我做人和做事的。

2008年9月8日改定

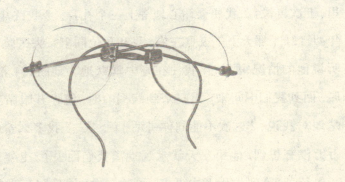

大师的侧影

张世林 著